高等学校土木工程本科指导性专业规范
（按高等学校土木工程本科专业指南修订）

建设工程法规概论（第4版）

JIANSHE GONGCHENG
FAGUI GAILUN

主　编　宋宗宇

副主编　狄亚娜

参　编　王　怡　王　热
　　　　姜红利　胡海容

主　审　成　虎

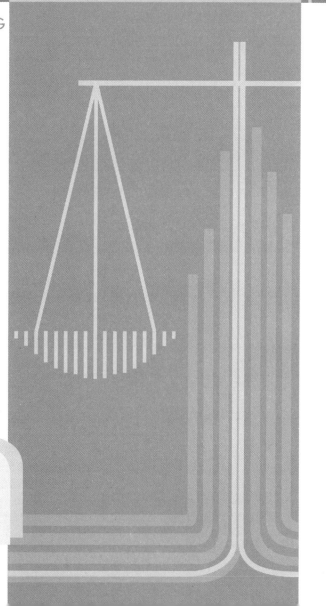

重庆大学出版社

内容提要

建设工程法规是指调整人类在各项工程建设中所产生的社会关系的法律规范的总称。本书根据最新"高等学校土木工程本科指导性专业规范"的要求,除了建筑工程所涉法规外,充分吸收了道路桥梁、岩土工程、港口工程、水利工程等领域的相关法规,使其更能适应土木工程专业教学的需要。本书以法规所调整的社会关系和工程建设的基本过程为线索构建体系,全书共12章,除导论外,分别介绍了建设工程招标投标法规、建设工程合同法规、城乡规划法规、建设工程勘察设计法规、建设工程施工管理法规、建设工程造价管理法规、建设工程质量管理法规、建设工程安全生产管理法规、建设工程监理法规、建设工程环境保护法规、建设工程争议处理机制等内容。

图书在版编目(CIP)数据

建设工程法规概论 / 宋宗宇主编. -- 4 版. -- 重庆：
重庆大学出版社，2025. 5. --（高等学校土木工程本科
指导性专业规范配套系列教材）. -- ISBN 978-7-5689-
5202-6

Ⅰ. D922.297

中国国家版本馆 CIP 数据核字第 2025GA0332 号

高等学校土木工程本科指导性专业规范配套系列教材

建设工程法规概论
（第4版）

主　编　宋宗宇
副主编　狄亚娜
主　审　成　虎

责任编辑:王　婷　　版式设计:莫　西
责任校对:刘志刚　　责任印制:赵　晟

*

重庆大学出版社出版发行
出版人:陈晓阳
社址:重庆市沙坪坝区大学城西路 21 号
邮编:401331
电话:(023) 88617190　88617185(中小学)
传真:(023) 88617186　88617166
网址:http://www.cqup.com.cn
邮箱:fxk@ cqup.com.cn（营销中心）
全国新华书店经销
重庆巍承印务有限公司印刷

*

开本:787mm×1092mm　1/16　印张:9.75　字数:264 千
2025 年 5 月第 4 版　2025 年 5 月第 11 次印刷
印数:24 301—27 300
ISBN 978-7-5689-5202-6　定价:39.00 元

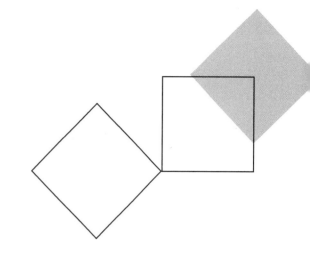

编委会名单

总　序

　　进入 21 世纪的第二个十年,土木工程专业教育的背景发生了很大的变化。"国家中长期教育改革和发展规划纲要"正式启动,中国工程院和国家教育部倡导的"卓越工程师教育培养计划"开始实施,这些都为高等工程教育的改革指明了方向。截至 2010 年底,我国已有 300 多所大学开设土木工程专业,在校生达 30 多万人,这无疑是世界上该专业在校大学生最多的国家。如何培养面向产业、面向世界、面向未来的合格工程师,是土木工程界一直在思考的问题。

　　由住房和城乡建设部土建学科教学指导委员会下达的重点课题"高等学校土木工程本科指导性专业规范"的研制,是落实国家工程教育改革战略的一次尝试。"专业规范"为土木工程本科教育提供了一个重要的指导性文件。

　　由"高等学校土木工程本科指导性专业规范"研制项目负责人何若全教授担任总主编,重庆大学出版社出版的《高等学校土木工程本科指导性专业规范配套系列教材》力求体现"专业规范"的原则和主要精神,按照土木工程专业本科期间有关知识、能力、素质的要求设计了各教材的内容,同时对大学生增强工程意识、提高实践能力和培养创新精神做了许多有意义的尝试。这套教材的主要特色体现在以下方面:

　　(1)系列教材的内容覆盖了"专业规范"要求的所有核心知识点,并且教材之间尽量避免了知识的重复;

　　(2)系列教材更加贴近工程实际,满足培养应用型人才对知识和动手能力的要求,符合工程教育改革的方向;

　　(3)教材主编们大多具有较为丰富的工程实践能力,他们力图通过教材这个重要手段实现"基于问题、基于项目、基于案例"的研究型学习方式。

　　据悉,本系列教材编委会的部分成员参加了"专业规范"的研究工作,而大部分成员曾为"专业规范"的研制提供了丰富的背景资料。我相信,这套教材的出版将为"专业规范"的推广实施,为土木工程教育事业的健康发展起到积极的作用!

中国工程院院士　哈尔滨工业大学教授

沈世钊

第 4 版前言

"建设工程法规"课程是土木工程、水利工程、港口工程、道路工程、桥梁工程和工程管理等专业的必修课。通过本课程的学习,有助于培养学生基本的法律素养,使其增强法律意识,掌握法律事务的处理技能。

本次教材修订深刻领会党的二十大精神,大力弘扬社会主义核心价值观,按照中华人民共和国住房和城乡建设部"高等学校土木工程本科指导性专业规范"的要求,立足于工程实际,准确运用基本的法学理论和法学方法,以深化推进"三进"改革、科教融合、校企合作为目标,将大土木工程领域内所涉及的基本法规进行归纳提炼,以法规所调整的社会关系和工程建设基本过程为线索构建体系,并充分吸收了道路桥梁、岩土工程、港口工程、水利工程等领域的相关建设法规,使其更能适应专业教学需要。在修订过程中,突出教材编写质量的龙头地位,充分关注最新的立法动向,及时吸纳最新的研究成果与实践经验,坚持编选结合,完善教材体系,充分发挥教材在人才培养中的基础性作用。

本教材除阐述建设工程法规的基本理论外,还在每章之首设置启发性的"本章导读",引导读者带着问题去阅读,有助于读者在阅读中找到解决问题的方法。在每章之尾设置了"延伸阅读"和"案例分析",借以拓展阅读视野,并启发读者深入思考相关法律问题。为帮助读者回顾每章主旨以及检测学习效果,还设置了"简短回顾"和"复习思考"。为适应多媒体教学的现实需要,我们还制作了教学 PPT 和复习思考题答案,读者可以免费领取相关配套资源。

本教材第 4 版由重庆大学法学院博士生导师、建筑与房地产法研究中心主任宋宗宇教授担任主编,重庆科技大学狄亚娜博士担任副主编,重庆理工大学胡海容教授、贵州财经大学王热副教授、电子科技大学王怡副教授、南京师范大学姜红利副教授参加了编写,东南大学土木工程学院博士生导师成虎教授担任主审。

本教材的完成得益于众多学者先贤的研究成果,在此一并致谢。虽然我们试图使内容圆润丰满,但囿于学识有限,其中错漏失当之处定然不少,恳请读者谅解并赐教。

编 者
2024 年 6 月

第1版前言

　　建设工程法规课程是土木工程、水利工程、港口工程、道路工程、桥梁工程和工程管理等专业的必修课。通过本课程的学习,有助于培养学生基本的法律素养,增强法律意识,掌握法律事务的处理技能。本教材根据中华人民共和国住房和城乡建设部最新"高等学校土木工程本科指导性专业规范"的要求,运用基本的法学理论和法学方法,将大土木工程领域内所涉及的几乎所有的法规进行归纳提炼,以法规所调整的社会关系和工程建设基本过程为线索构建体系,并充分吸收了道路桥梁、岩土工程、港口工程、水利工程等领域的相关建设法规,使其更能适应专业教学需要。本书除阐述建设工程法规的基本理论外,还在每章之首设置启发性的"本章导读",引导读者带着问题去阅读,有助于读者在阅读中找到解决问题的方法。在每章之尾设置了"延伸阅读",借以拓展阅读视野,并启发读者深入思考相关法律问题。为帮助读者回顾每章主旨以及检测学习效果,本书设置了"简短回顾"和"思考题"。为适应多媒体教学的现实需要,我们还制作了教学 PPT 和复习思考题答案,作为本书的配套资料,读者可以登录重庆大学出版社教育资源网(http://www.cqup.net/edusrc)进行免费下载。

　　本书由东南大学土木工程学院博士生导师成虎教授担任主审,重庆大学法学院博士生导师、建筑法研究所所长宋宗宇教授担任主编,重庆大学法学院王热博士、重庆理工大学副教授胡海容博士担任副主编,重庆大学法学院王怡博士、狄亚娜博士参加了编写。王耀东、彭晋和吴卫苹同志参与了文字校订工作。

　　本书的完成得益于众多学者先贤的研究成果,在此一并致谢。虽然我们试图使本书圆润丰满,但囿于学力,书中错漏失当之处定然不少,恳请读者诸君谅解并赐教。

编　者

2011 年 8 月 1 日

目　录

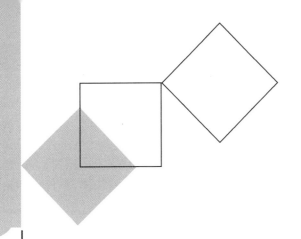

建设工程法规导论

本章导读：

甲公司与乙公司签订了一份建设工程施工合同。合同约定，由乙公司承建甲公司某花园工程。合同签订后，乙公司开始施工，但是，甲公司并没有取得建设工程规划许可证和施工许可证。在施工过程中，由于工程存在严重的质量问题，被有关主管部门责令停工。乙公司以甲公司未提供施工许可证为由将甲公司诉至法院，甲公司则以工程质量问题提出反诉。本案中，甲公司与乙公司之间属于什么性质的法律关系？甲公司与有关主管部门之间又属于什么性质的法律关系？甲公司与乙公司之间的法律关系应当适用什么法规予以调整？甲公司与有关主管部门之间的法律关系又应当适用什么法律予以调整？如果您对这些问题感到疑惑，相信能够从本章学习中寻找到答案。

1.1 建设工程法规概述

1.1.1 建设工程法规的含义及特征

1）建设工程法规的含义

按照教育部调整之后的专业目录，土木工程通常包括建筑工程、路桥工程、井巷工程、水利水运设施工程、城镇建筑环境设施工程、防护工程、测量工程、岩土工程等。但是在法律上却通常不进行如此详细的区分，这是因为法律是调整人类活动的规范，它需要通过抽象概括的形式来对人类的行为进行评价。不论是在地上建造房屋、修筑桥梁，还是在地下进行矿井建设，都是直接在土地上添加附属物的行为，在法律上，将这些

> 建设活动——
> 建造建筑物和
> 构筑物的活动。

行为统称为建设活动。法律上的建设活动,是人类在土地上建造建筑物和构筑物的活动的总称。建设工程法规,就是调整人类因各项工程建设活动而产生的社会关系的法律规范的总称。

在我国,法律这个概念通常在广义和狭义两个层面上使用。狭义上的法律,是指全国人民代表大会及其常务委员会通过的规范性法律文件。广义上的法律,不仅包括狭义上的法律,还包括国务院通过的行政法规,地方人民代表大会及其常务委员会通过的地方性法规,国务院部委通过的部委规章,有法规制定权的地方人民政府通过的地方政府规章等。从这个意义上讲,建设工程法律也有狭义和广义的区别。狭义的建设工程法律,是指全国人大及其常委会通过的调整工程建设活动的法律规范的总称。广义上的建设工程法律,还包括调整工程建设活动的行政法规、地方性法规、部委规章以及地方政府规章等。本书使用广义上的建设工程法律这一概念。为了表述上的准确性,本书称其为建设工程法规。

2)建设工程法规的特征

(1)建设工程法规不是单一的部门法

部门法是根据一定的标准所划定的同类法律规范的总称。所谓"一定的标准",主要是指法律所调整的社会关系。例如,调整平等民事主体之间关系的法律规范称为民法,调整不平等的行政主体与管理相对人之间关系的法律规范称为行政法,调整国家与犯罪人之间关系的法律规范称为刑法。建设工程法规所调整的社会关系则较为宽泛,它不仅调整平等民事主体之间的关系,如建筑企业与业主之间的关系,也调整不平等的行政主体与管理相对人之间的关系,如建筑企业与建筑企业资质管理行政机关之间的关系,还涉及刑事法律关系,如重大质量安全事故责任人要承担刑事责任。由于建设工程法规所调整的社会关系较为宽泛,涉及多个部门法律,按照传统法律部门的划分标准,很难将其简单归属于某个部门法,也不能像民法、行政法、刑法那样成为一个相对独立的部门法。

(2)建设工程法规技术性特征十分明显

建设产品富有很强的技术含量,不仅要求建筑材料必须符合国家制定的相应技术性标准,而且要求建设产品完成的全过程必须符合规划、设计、施工、验收等技术标准。建设工程法规与教育法规、科技法规、旅游法规一样,其制定与实施依托于民法、行政法、刑法、经济法、民事诉讼法、行政诉讼法、刑事诉讼法等基础法律,同时也与建筑科学等领域的自然法则紧密相连,具有明显的技术特征。

1.1.2 建设工程法规的基本原则

建设工程法规的基本原则是指贯穿整个建设工程法规之中,所有建设工程法规都应遵循和贯彻的、调整建设工程法律关系主体行为的指导思想和基本准则,是建设工程法规本质的集中体现。在建设工程法规中,其他制度或规范要么是基本原则的具体体现,要么是基本原则得以贯彻的实施手段。基于这一理解,建设工程法规应当遵循以下基本原则:

他可以说,建设工程法规是规范建设活动的法规。

建设工程法规中,既有民法规范,也有行政法规范,还有刑法规范。

质量
环境 ✥ 安全
秩序

1）确保建设工程质量原则

建设工程质量不仅关系建设工程法律关系主体的切身利益,还关系公共利益(比如大型公共建筑就与公共利益密切相关),因此,确保建设工程质量是一切建设工程法规始终遵循的基本原则。这项基本原则也体现在所有的建设工程法规中,不管是建设工程招投标制度,还是建筑业企业的资质许可、建设从业人员的资格许可、施工许可证制度等,其基本宗旨无不是为了确保建设工程质量。

2）确保工程建设安全原则

建筑业历来是伤亡率较高的行业,确保工程建设安全是保障基本人权宪法精神的具体表现,因此确保工程建设安全是一切建设工程法规都应当始终遵循的基本原则。我国建设工程法规对设计、施工方法和安全所规定的大量标准以及大量的管理规范都是确保工程建设安全原则的具体体现。

3）维护建设市场秩序原则

维护建设市场秩序,事关相关市场主体的切身利益,事关整个建设行业的稳定、健康与可持续发展,因此维护建设市场秩序是建设工程法规的基本原则。我国建设工程法规中的建筑企业资质许可制度、建设工程合同制度以及大量建设工程行政管理法规都体现了维护建设市场秩序原则。

4）保护生态环境原则

工程建设活动对环境的影响甚巨,它不仅会产生大量的固体、气体、液体废物,而且工程建设导致的水文环境变化会对环境和气候产生重大影响,工程建设活动产生的噪声也会影响他人的生活和工作。因此,保护生态环境是建设工程法规始终遵循的基本原则。建设工程法规中的城乡规划制度、环境影响评价制度、"三同时"制度都是保护生态环境原则的体现与贯彻。

1.1.3　建设工程法规与其他法律的关系

1）与宪法的关系

宪法是国家的根本大法,它调整的对象是我国最基本最重要的社会关系,同时也是部门法的立法基础。宪法确认的法律规范是全局性、根本性的问题,而这些规范属于行为规范,必须通过具体法律规范才能使之具体化,具备操作性。建设工程法规属于具体法律规范,它既以宪法的有关规定为依据,又将国家对建设活动组织管理方面的原则规定具体化,应属于宪法实施的组成部分。

宪法是建设工程法规的立法依据。

2）与民法的关系

民法是调整平等民事主体之间的法律规范的总称。建设工程法规中有不少法律规范属于民法的范畴,适用我国相关民法规范,如建设工程合同的签订与履行。但是,在民事法律关系的调整范围方面,民法要比建设工程法规宽泛得多,如民法所调整的婚姻关系就不在建设工程法规的调整范围之内。

3）与刑法的关系

刑法是规定什么是犯罪,对罪犯适用什么刑罚以及采取其他相关措施的法律规范的总和。刑法调整和保护的社会关系非常广泛,几乎涉及社会关系的各个方面。刑法的规定和制裁是所有法中最严厉的。建设工程法规以刑法作为自己的坚强后盾,在许多建设工程法规中都规定,违反建设工程法规情节与后果严重构成犯罪的,由司法机关依据刑法追究刑事责任。刑法中也有部分条款直接调整建设活动或建设行政管理中的犯罪行为。

4）与环境保护法的关系

环境保护法是调整人们在保护、改善、开发、利用环境的活动中所产生的环境社会关系的法律规范总和。建设工程法规中的很多制度或规范本身就是环境保护法的一部分,如环境影响评价制度、"三同时"制度、许可证制度等。但是,环境保护法所调整的环境社会关系比建设工程法规中的环境法律关系要广得多。

5）与诉讼法的关系

由于建设工程法规中涉及民法、行政法、刑法等法律,它的实施与适用必然与民事诉讼法、行政诉讼法、刑事诉讼法有不可分割的联系。如在处罚违法违规的建设活动时,适用行政诉讼法、刑事诉讼法的规定;在建设工程纠纷处理中,则大量适用民事诉讼法的规定。

6）与行政法的关系

行政法是调整行政关系,规范和控制行政权的法律规范的总称。所谓行政关系,是指行政主体在行使行政职能和接受行政法制监督过程中,与行政相对人、行政法制监督主体之间发生的各种关系,以及行政主体内部发生的各种关系。在相当程度上,建设工程法规调整的是建设行政管理关系,行政监督、行政检查、行政命令、行政许可、行政处罚等行政手段则是其主要调整方法。

1.2 建设工程法律关系

1.2.1 建设工程法律关系的概念

法律关系是权利义务关系。

法律是调整社会关系的规范,但法律并不调整所有的社会关系,如同学关系、恋人关系便不在法律的调整范围之内。社会关系因法律的规范和评价而成为法律关系。所谓法律关系,是指法律在调整人们行为过程中所形成的权利义务关系。法律关系与其他社会关系的不同之处在于:法律关系是以法律规范为前提而形成的社会关系,是以法律上的权利义务为纽带而形成的社会关系,是以国家强制力作为保障手段的社会关系。

建设工程法律关系,是指法律在调整人们从事工程建设活动过程中所形成的权利义务关系。在工程建设活动中自然会形成各种各样的关系,大体而言可以分为人与自然之间的关系和人与人之间的关系。人类在土地上从事建设活动,会改变土地的物理面貌,会导致污染,还可能会影响气候等,这些就形成了人与自然之间的关系。在工程建设活动中形成的人与人之间的关系也较为复杂,比如建筑企业与业主之间的关系、监理单位与施工单位之间的关系、现场经理与员工之间的关系、员工与企业之间的关系、员工与员工之间的关系等。但是建设工程法律关系仅仅是工程建设活动中所形成的关系中的极少的一部分,只有那些通过权利义务的安排来进行规范的关系才属于建设工程法律关系。建设工程法律关系仅指人与人之间的关系,通常认为人与自然之间的关系不在法律的调整范围之内。

> 法律不调整人与自然之间的关系,但是人类在利用和保护自然的活动中所形成的社会关系却在法律的调整范围之内。

1.2.2 建设工程法律关系的分类

人们在工程建设活动中所形成的社会关系较为复杂,由此也决定了建设工程法律关系的复杂性。根据调整这些社会关系的法律规范的不同,建设工程法律关系大体可分为建设工程民事法律关系、行政法律关系、刑事法律关系。

1) 民事法律关系

民事法律关系是指平等主体之间的权利义务关系。在工程建设活动中存在大量的民事法律关系,如建设单位与施工单位之间、施工单位与材料供应单位之间、监理单位与建设单位之间以及监理单位与施工单位之间的权利义务关系。凡是法律对工程建设活动中所形成的平等主体之间的关系作出评价,并以权利义务的方式做出安排者,都可以成为民事法律关系。本章导读中所提到的甲公司与乙公司之间的关系就属于民事法律关系。建设工程民事法律关系方面的纠纷主要应通过民事诉讼的途径解决。

> 民事法律关系的核心——主体地位平等。

2) 行政法律关系

行政法律关系是指不平等的行政主体与行政相对人之间的权利义务关系。行政主体是指行政机关以及法律授权行使行政管理权的单位。行政相对人则是指公民个人和有关单位(包括具有法人资格的单位和不具有法人资格的单位)。在工程建设活动中存在大量的行政法律关系,如建设行政管理部门与建设单位之间的关系、建设行政主管部门与施工单位之间的关系、建设行政主管部门与建筑从业人员之间的关系。本章导读中所提到的甲公司与有关主管部门之间的关系就属于建设工程行政法律关系。与民事法律关系不同,行政法律关系主体之间的地位是不平等的。建设工程行政法律关系方面的纠纷主要应通过行政复议和行政诉讼的途径来解决。

> 建设工程行政法律关系的核心——主体地位不平等,一方为管理者,另一方为被管理者。

3) 刑事法律关系

刑事法律关系是指刑事法律所调整的国家与犯罪人之间的刑事权利与刑事义务关系,也就是犯罪与刑罚方面的权利义务关系。在工程建设活动中也会产生刑事法律关系,如在工程建设活动中造成了重大质量事故、施工安全事故,行政管理人员具有渎职或贪污等情形时,便产生了建设工程刑事法律关系。

1.2.3 建设工程法律关系的构成

法律关系由主体、客体、内容三个要素构成,建设工程法律关系的构成也需要从这三个方面去认识。

1)建设工程法律关系的主体

主体——权利的享有者或义务的承担者。

法律关系的主体是指在法律关系中享有权利或承担义务的人。法律上所称的"人"与日常用语所称的人在含义上有所不同。法律上的人,不仅包括自然人,还包括法人以及不具有法人资格的其他组织。建设工程法律关系的主体就是在建设工程法律关系中享有权利或负有义务的人。建设工程法律关系的主体相当广泛,包括建设单位、施工单位、勘察设计单位、工程建设从业人员、建设行政主管部门、生态环境主管部门、行使侦查权的公安机关、行使检察权的检察院等。

2)建设工程法律关系的客体

客体——权利与义务的共同载体。

法律关系的客体是指法律关系中权利和义务共同指向的对象,客体通常包括物、行为、权利等。建设工程法律关系的客体就是建设工程法律关系中权利和义务共同指向的对象,其客体也主要表现为物、行为和权利。物包括设备、建筑材料、建筑物等;行为通常包括建设单位的支付行为、施工单位的施工行为、行政机关的管理行为、建设从业人员的从业行为;权利通常包括土地使用权、工程建设活动中产生的知识产权、工程建设过程中的排污权等。对于客体,应在具体的法律关系中分析和认识。例如,在建设单位与施工单位之间的民事法律关系中,其客体是行为,即建设单位支付工程款的行为与施工单位完成工程的行为;又如,在土地管理部门与建设单位拍卖土地的法律关系中,其客体是权利,即土地使用权。

3)建设工程法律关系的内容

内容——权利和义务。

法律关系的内容是指法律关系主体所享有的权利和负有的义务。法律关系的内容同样要在具体的法律关系中去分析和认识。例如,在建设单位与施工单位之间的民事法律关系中,建设单位负有支付工程款的义务,同时享有获得工程成果的权利,而施工单位则负有完成工程的义务,同时享有获得工程款的权利;在建设从业人员与行政主管部门之间的关系中,建设从业人员享有向行政主管部门申请资格许可的权利,而行政主管部门则负有依法赋予申请人相应资格的义务。

1.2.4 建设工程法律关系的产生、变更和消灭

法律关系是法律对社会关系加以确认和保障的结果,因此,法律关系应当具有相对稳定性。但是,由于社会生活本身是不断变化的,法律关系也就不能不具有某种流动性,这种流动性就表现为法律关系的产生、变更和消灭。法律关系的产生是指在主体之间产生了权利义务关系;变更是指法律关系的主体、客体或内容发生了变化;消灭则是指主体之间的权利义务关系完全终止。

法律关系的产生、变更和消灭必须符合两个方面的条件:其一,抽象条件,即法律规范的存在,这是法律关系产生、变更和消灭的前提和依据;其二,具体条件,即法律事实的存在。法律事实,是指由法律规定的,能够引起法律关系产生、变更和消灭的各种事实的总称。法律事实与一般意义上的事实的不同之处在于,法律事实只是由法律加以规定的那些事实,它相当于法律规范中假定部分所规定的各种情况,因此,法律事实只是那些能够引起法律后果的事实。例如,一对情侣约定,今晚8点在学校东面的黄桷树下相会,这个事实就不是法律事实,因为法律并没有对恋爱关系进行调整,情侣之间的约定一般不会引起法律关系的产生。又如,甲同学与乙同学约定,甲同学以100元的价格购买乙同学的收音机,这个事实就是法律事实,因为法律规范对这种合同关系进行了调整,这个事实导致甲同学与乙同学之间产生了权利义务关系。可见,法律规范为法律关系的产生、变更和消灭提供了可能性的条件,而法律事实则为法律关系的产生、变更和消灭提供了现实性条件。

> 法律关系产生于法律事实。

> 情侣约会不是法律事实。

1)法律关系的产生

法律关系的产生是指法律关系主体之间产生了权利义务关系。能够引起建设工程法律关系产生的法律事实很多,如建设单位与施工单位通过签订建设工程施工合同,就在建设单位与施工单位之间产生了民事法律关系;建筑企业向建设行政主管部门递交了资质申请书,建筑企业与建设行政主管部门之间便产生了建设工程行政法律关系。

2)法律关系的变更

法律关系的变更是指法律关系的主体、客体或者内容发生了变化。如建设单位对设计要求进行了修改,那么建设单位与设计单位之间法律关系的内容就可能发生变更。

3)法律关系的消灭

法律关系的消灭是指法律关系主体之间的权利义务完全消失。例如,设计单位完成了合同所规定的设计任务,建设单位支付了合同约定的有关款项,则建设单位与设计单位之间的法律关系通过履行而消灭。需要注意的是,不能单纯从工程的完成来确定法律关系的消灭,如建设工程虽然已经完成,但是由于工程缺陷导致发生事故,只要在追诉时效期间,相关责任人仍然可能要被追究行政责任或者刑事责任。

1.3 建设工程法规的体系

1.3.1 建设工程法规体系的概念

法规体系,通常是指根据一定的标准,对规范性法律文件进行分类组合而形成的统一体。建设工程法规体系是指根据一定的标准,对建设工程法规进行分类组合而形成的统一体。通常从两个角度来认识法规体系,一是根据法律规范所调整的不同社会关系来划分,二是从规范性法律文件的不同制定机关来划分。前者是从横向来认识法规体系,后者是从纵向来认识法规体系。在法理上,前者通常被称为法律体系,后者则被称为立法体系。

法律体系是指由一国现行的全部法律规范,按照不同的法律部门分类组合而形成的有机联系的统一整体。而法律部门,是指按照法律所调整的社会关系的不同领域和不同方法划分的同类法律规范的总和。当代中国的法律部门有宪法、行政法、民商法、经济法、劳动法、社会保障法、自然资源与环境保护法、刑法、诉讼法、军事法、国际法,等等。

立法体系是指根据规范性法律文件制定机关的不同分类组合而形成的统一体系。在我国,立法体系由全国人大制定的宪法、全国人大及其常委会制定的法律、国务院制定的行政法规、地方人大及其常委会制定的地方性法规、国务院部委制定的部委规章、有法规制定权的地方政府制定的地方政府规章等组成。

法律体系并不考虑规范性法律文件的制定机关,它只考虑法律规范所调整的社会关系的不同,而同一社会关系通常会由不同的规范性法律文件来调整。而立法体系,则不考虑法律所调整的社会关系的不同,它只考虑规范性法律文件的制定机关的不同,如同样是全国人大及其常委会制定的法律,它既有调整民事关系的民事法律,也有调整行政关系的行政法律,还有调整刑事关系的刑事法律。这两种不同的分类,具有不同的意义。认识法律体系,有助于我们根据不同的法律关系去寻找应当适用的法律规范。例如,当我们遇到买卖合同纠纷时,我们应当到民法领域去寻找应当适用的法律规范。对同一法律关系,法律有特别规定者,应当根据特别法优于一般法的原则来选择应当适用的法律规范。认识立法体系,则有助于我们根据不同的法律渊源来寻找应当适用的法律规范。例如,当国务院制定的行政法规与全国人大及其常委会制定的法律有冲突时,我们应当遵循上位法优于下位法的原则,优先适用全国人大及其常委会制定的法律。

1.3.2 建设工程法规的法律体系

由于建设工程法规不是一个独立的部门法,因此有必要分析建设工程法规的法律体系。建设工程法规的法律体系同样需要根据建设工程法规所调整的不同社会关系来加以讨论。

1)建设工程民事法规

建设工程民事法规是指调整工程建设活动中所形成的民事法律关系的法律规范的总称。建设工程民事法规主要有建筑法、民法典、招标投标法、城市房地产管理法等法律法规中有关调整平等的建设工程法律关系主体之间的法律规范。本章导读中所提到的甲公司与乙公司之间的关系就应当适用民事法律规范予以调整。

2)建设工程行政法规

建设工程行政法规是指调整工程建设活动中所形成的行政法律关系的法律规范的

总称。这些法规主要体现在建筑法、城乡规划法、城市房地产管理法、建筑业企业资质管理规定等调整行政主体与行政相对人之间关系的有关规定中。本章导读中所提到的甲公司与有关主管部门之间的关系,应当适用行政法律规范来处理。

3)建设工程刑事法规

建设工程刑事法规是指调整国家与犯罪人之间的权利义务关系的法律规范的总称。这些规范主要体现在刑法有关工程建设活动的犯罪与刑罚规定中。

1.3.3 建设工程法规的立法体系

由于我国所有具有法律或法规制定权的机关都制定有大量的调整工程建设活动的法律法规,因此,我国建设工程法规的立法体系与我国的整个立法体系相同。

考察建设工程法规立法体系的出发点——法规制定机关的不同。

1)建设工程法律

建设工程法律是指全国人大及其常委会制定的调整工程建设活动的规范性法律文件,如《建筑法》《城乡规划法》《民法典》《招标投标法》《环境保护法》《刑法》等。

2)建设工程行政法规

建设工程行政法规是指国务院制定或批准的具有调整工程建设活动的规范性法律文件,如《建设工程安全生产管理条例》《建设工程勘察设计管理条例》《建设工程质量管理条例》等。

3)建设工程地方性法规

建设工程地方性法规是指具有法规制定权的地方人大及其常委会制定的调整工程建设活动的规范性法律文件。

4)建设工程部委规章

建设工程部委规章是指国务院部委制定的具有调整工程建设活动的规范如《建筑工程施工许可管理办法》《建筑业企业资质管理规定》《工程监理企业资质管理规定》等。

5)建设工程地方政府规章

建设工程地方政府规章是指具有法规制定权的地方政府制定的调整工程建设活动的规范性法律文件。

【延伸阅读】

法律关系与其他社会关系的不同

法律关系是社会关系的一种,社会关系是一个比法律关系更宽泛的概念。法律关系之所以能够区别于其他社会关系,皆源于"法律"二字,大体而言,法律关系与其他社会关系的不同主要有以下三点:

第一,法律关系是以法律规范为前提而形成的社会关系。法律关系是法律对人与人之间的关系加以调整而出现的一种状态,因此,没有相应的法律规范,就不可能形成相应的法律关系。例如,婚姻关系在法律尚未出现的原始社会就已经存在,但是,由于没有相应的法律规范调整,那个时候的婚姻关系尚不具有法律关系的性质。又如,基于技术的发明和使用而形成的利益关系在古代社会也已存在,但是,当时这种利益关系并不是法律关系,直到近代专利法的出现,这种利益关系才具有法律关系的性质。简言之,凡纳入法律调整范围的社会关系,都是法律关系;凡未纳入法律调整范围的社会关系,都不是法律关系。

第二,法律关系是以法律上的权利义务关系为纽带而形成的社会关系。社会关系是如何被纳入法律调整范围之内的呢?法律是通过权利和义务的纽带将社会关系中的有关主体联系起来,即通过在当事人之间设定权利和义务,将社会关系纳入到法律的调整范围之内。由于在当事人之间设定了权利与义务,从而使当事人之间的行为具有了法律意义,可以依法给予肯定或否定评价,被给予肯定评价的行为会得到法律的支持和保护,被给予否定评价的行为会受到法律的谴责、取缔甚至制裁。因此,法律关系仅仅是当事人之间具有权利和义务内容的关系,而不是他们之间的全部关系。

第三,法律关系是以国家强制力作为保障手段的社会关系。在法律规范中,关于一个人可以做什么、不得做什么和必须做什么的规定,是国家意志的体现。当事人之间形成法律关系时,法律的抽象规定就变成了社会中现实秩序的一种状态。如果这种现实的权利义务关系受到破坏,也就意味着国家意志受到挑战,因此,一旦某种社会关系被纳入法律调整的范围之内,就表明国家意志不会听任它被随意破坏,并且会用国家强制力来加以保障。国家强制力是如何被发动起来保证法律关系的呢?这取决于法律关系的性质。依据强制性规范而形成的法律关系受到破坏时,国家强制力会主动发动予以保障;依据任意性规范而形成的法律关系受到破坏时,须经权利人的请求,国家强制力才会出现。

【案例分析】

表见代理的法律后果由被代理人承担

某建设公司中标某污水处理厂管网配套工程后设立了工程项目部,任命方某为该项目部负责人。后项目部与义和泰公司签订了一份买卖合同,约定义和泰公司向项目部供应一批排水管。合同落款的"买方"处加盖了项目部公章,方某及委托代理人李某某均进行了签字。由于项目部尚欠义和泰公司货款 1 921 258 元未付,义和泰公司以建设公司为被告起诉至法院。建设公司辩称,李某某并非本公司员工,项目部公章系李某某私刻,本公司没有授权方某和李某某签订该合同,请求驳回义和泰公司的诉讼请求。

法院审理后认为,我国《民法典》第一百七十二条规定:"行为人没有代理权、超越代理权或者代理权终止后以被代理人名义订立合同,相对人有理由相信行为人有代理权的,该代理行为有效。"由于项目部是建设公司设立的无独立法人资格机构,其民事责任应由建设公司承担,方某、李某某作为该项目部工作人员,其行为为职务行为,其后果应由建设公司承担。在签订合同时,义和泰公司完全有理由相信方某是在履行项目部负责人职务,也有理由相信李某某在合同上的签字是在履行职务行为,即使该二人确认没有得到建设公司的授权,其行为也构成合同法规定的表见代理,其法律后果应当由被代理人即建设公司承担,故判决建设公司支付货款 1 921 258 元并承担逾期付款利息。[①]

---

① 参见呼和浩特市中级人民法院(2016)内01民终2628号民事判决书,有删改。

简短回顾

　　建设工程法规,是调整人们因工程建设而产生的社会关系的法律规范的总称。建设工程法规应当遵循确保建设工程质量、确保工程建设安全、维护建设市场秩序、保护生态环境的原则。建设工程法律关系,是指法律在调整人们从事工程建设活动过程中所形成的权利义务关系。建设工程法律关系可以分为民事法律关系、行政法律关系和刑事法律关系。通常可从主体、客体和内容三方面来认识建设工程法律关系。建设工程法律关系的产生、变更和消灭均源于法律事实。通常可从法律关系的不同和法规制定机关的不同这两个角度来认识建设工程法规体系,在法理上,前者被称为法律体系,后者被称为立法体系。

复习思考

1.1　从法律专业角度与土木工程专业角度看,建设活动有何不同?

1.2　关系、社会关系、法律关系、建设工程法律关系在概念上有何区别?

1.3　试列举能够引起建设工程法律关系产生、变更和消灭的法律事实。

1.4　法律体系与立法体系在建设工程法规体系中有何不同意义?

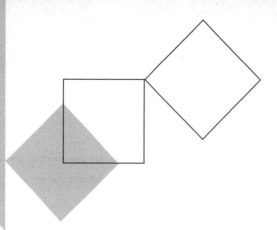

2 建设工程招标投标法规

本章导读:

　　某房地产开发公司欲开发某商品房项目,在电视台以招标人身份向社会公开招标。A建筑公司在投标书中作出全部工程造价不超过500万元的承诺,B建筑公司的投标数额则为450万元。开发公司组织开标后,B建筑公司因价格更低而中标,并签订了总价包死的施工合同。工程竣工后,开发公司与B建筑公司实际结算的工程款额为510万元。A建筑公司得知后,认为开发公司未依照既定标价履约,实际上侵害了自己的合法权益,遂向法院起诉要求开发公司赔偿自己在投标过程中的支出等损失。A公司的诉讼请求是否应当得到法院的支持? 经过招标投标程序而确定的合同总价能否再行变更? 建设工程招标投标活动应当依照哪些原则? 关于这些问题,相信你能够从本章学习中寻找到答案。

2.1　建设工程招标投标法规概述

　　招标投标是建设工程发包与承包活动实现的主要形式。建设工程发包与承包是指通过约定,由发包方委托承包方为其完成某项工程的全部或部分工作的交易方式。我国建设领域自1982年起开始改变工程建设任务由行政主管部门分配的做法,逐步确立了建设工程发包与承包制度,把工程设计与施工推入市场,由有关企业竞争承包。建设工程发包与承包制度对鼓励竞争、防止垄断、提高工程质量、控制工程造价和工期起到了良好的促进作用。

2.1.1　建设工程招标投标的含义

　　建设工程招标是指招标人通过发布招标公告或者发送投标邀请书,邀请有意提供某项工程建设服务的承包人就该标的作出报价,从中选择最符合自己条件的投标人订立合同的意思表示。但这种意思表示并不是《民法典》合同编中的"要约"。在合同法的基本理论中,要约是指一方当事人以缔结合同为目的,向对方提出订立合同的内容,希望和对方订立合同的意思表示。而要约邀请,又称为"引诱要约",是指一方当事人邀请对方向自己发出要约。由于招标只提出招标条件和要求,并不包括合同的全部内容,因此,从法律性质上看,建设工程招标不具有要约的性质,而是属于要约邀请。一般而言,招标人没有必须接受投标人投标的义务,因此,在建设工程承包活动中,招标人在招标文件中往往声明不确保报价最低者中标。但是,并不是说招标对招标人就没有法律约束力,一般而言,招标人不得擅自改变已发出的招标文件。如果招标人擅自改变已发出的招标文件,应赔偿由此而给投标人造成的损失。

建设工程投标是指投标人通过招标人的资格审查,取得建设工程投标资格后,对招标文件进行分析研究,进行适当的现场调查和勘察,获取建设工程业主和竞争对手一定的信息后,以招标文件为基础制作投标文件,并在规定的时间内送交招标人,作出以订立合同为目的的意思表示。建设工程投标的法律性质属于要约。

投标是一次性的,同一投标人不能就同一招标进行两次以上的投标,各投标人之间的投标效力各自独立,不能相互代替,每一投标人对自己的投标报价负责。

2.1.2 建设工程招标投标的原则

建设工程招标投标活动应当遵循公开、公平、公正和诚实信用原则,择优选择承包单位。建设工程的招标投标应当遵循有关招标投标法律的规定。

> 在评标阶段应遵循公平、公正、科学和择优原则。应注意区分。

1)公开原则

公开原则,即通过一定的形式向社会公开,包括:招标投标活动中信息公开,即招标人采用公开招标方式的,应当发布招标公告;开标活动公开,即开标的时间、地点应当在招标文件中载明;评标标准公开,即评标的标准应当在招标文件中载明;定标结果公开,即中标人确定后,招标人应当向中标人发出中标通知书,并同时将中标结果通知所有未中标的投标人。

> 在"三公"原则中,公开原则是基础。

2)公平原则

公平原则,即招标人和投标人之间法律地位平等,招标人不能歧视任何一家投标人,应当给所有投标人以平等竞争机会。招标人在工程招投标过程中不得有收受贿赂、收受回扣、索取其他好处等不正当竞争行为;投标人在工程招投标过程中也不得以行贿、提供回扣或者给予其他好处等不正当手段承揽工程。

3)公正原则

公正原则要求招标人对所有投标人一视同仁,有关监督管理者对招投标双方要公正监督,不能偏护任何一方。例如,招标人将招标文件的关键信息只向其中一个投标人提供,或者在资格审查时对某一投标人按照低于其他投标人的标准和程序进行。这些行为都违背了公正原则,妨碍了招投标活动的正常进行。

4）诚实信用原则

诚实信用是民事活动的基本原则，它要求招投标双方都要诚实守信，投标文件中各项内容都要真实，不得有欺骗、背信的行为，这也是社会主义核心价值观的基本要求。招标人不得搞内定承包人的虚假招标，也不能在招标中设圈套损害投标人的利益，投标人不能用虚假资质或虚假标书投标等。合同签订后，任何一方都要严格、认真地履行。

此外，招投标还应遵循有关招标投标法律的规定。例如，《建筑法》中对招投标应当遵循的原则、工程的发包方式都进行了规定，要求招投标不得采取不正当手段，工程造价应通过法定程序产生，公开招标时发包单位应当依照法定程序和方式进行招标，开标应当在招标文件规定的时间和地点公开进行，招投标过程中政府及其所属部门不得滥用行政权力，招标单位不得指定建筑用料的生产商和供应商，投标单位应当持有资质证书并在其资质等级许可的业务范围内承揽工程等。

2.1.3　建设工程强制招标的范围

1）必须招标的工程建设项目

依据我国《招标投标法》《必须招标的工程项目规定》及有关规定，在我国境内建设的以下项目必须通过招标选择承包人。

①全部或者部分使用国有资金投资或者国家融资的项目，包括：使用预算资金200万元人民币以上，并且该资金占投资额10%以上的项目；使用国有企业事业单位资金，并且该资金占控股或者主导地位的项目。

②使用国际组织或者外国政府贷款、援助资金的项目，包括：使用世界银行、亚洲开发银行等国际组织贷款、援助资金的项目；使用外国政府及其机构贷款、援助资金的项目。

③不属于上述第①、②项规定情形的大型基础设施、公用事业等关系社会公共利益、公众安全的项目，必须招标的具体范围由国务院发展改革部门会同国务院有关部门按照确有必要、严格限定的原则制订，报国务院批准。

④本规定第①、②、③规定范围内的项目，其勘察、设计、施工、监理以及与工程建设有关的重要设备、材料等的采购达到下列标准之一的，必须招标：施工单项合同估算价在400万元人民币以上；重要设备、材料等货物的采购，单项合同估算价在200万元人民币以上；勘察、设计、监理等服务的采购，单项合同估算价在100万元人民币以上。同一项目中可以合并进行的勘察、设计、施工、监理以及与工程建设有关的重要设备、材料等的采购，合同估算价合计达到前款规定标准的，必须招标。

2）可以不招标的项目

依照我国《招标投标法》《招标投标法实施条例》《房屋建筑和市政基础设施工程施工招标投标管理办法》及有关规定，涉及国家安全、国家秘密、抢险救灾或者属于利用扶贫资金实行以工代赈、需要使用农民工等特殊情况，不适宜进行施工招标的工程，按照国家有关规定可以不进行施工招标。有下列情形之一的，可以不进行招标：需要采用不可替代的专利或者专有技术;采购人依法能够自行建设、生产或者提供;已通过招标方式选定的特许经营项目投资人依法能够自行建设、生产或者提供;需要向原中标人采购工程、货物或者服务,否则将影响施工或者功能配套要求;国家规定的其他特殊情形。工程有下列情形之一的,经县级以上地方人民政府建设行政主管部门批准,也可以不进行施工招标:停建或者缓建后恢复建设的单位工程,且承包人未发生变更的;施工企业自建自用的工程,且该施工企业资质等级符合工程要求的;在建工程追加的附属小型工程或者主体加层工程,且承包人未发生变更的;法律、法规、规章规定的其他情形。

2.1.4　建设工程招标投标的条件

1)建设工程勘察设计招标的条件

依法必须进行勘察设计招标的工程建设项目,在招标时应当具备下列条件:

①招标人已经依法成立。

②按照国家有关规定需要履行项目审批、核准或者备案手续的,已经审批、核准或者备案。

③勘察设计有相应资金或者资金来源已经落实。

④所必需的勘察设计基础资料已经收集完成。

⑤法律法规规定的其他条件。

2)建设工程施工招标的条件

依法必须招标的建设工程项目,应当具备下列条件才能进行施工招标:

①招标人已经依法成立。

②初步设计及概算应当履行审批手续的,已经批准。

③有相应资金或资金来源已经落实。

④有招标所需的设计图纸及技术资料。

3)建设工程招标的审批与核准

按照国家有关规定需要履行项目审批、核准手续的依法必须进行招标的项目,其招标范围、招标方式、招标组织形式应当报项目审批、核准部门审批、核准。项目审批、核准部门应当及时将审批、核准确定的招标范围、招标方式、招标组织形式通报有关行政监督部门。

2.1.5　建设工程招标投标的方式

我国《招标投标法》将招标分为公开招标和邀请招标两种。公开招标是招标人以招标公告的方式邀请不特定的法人或其他组织来进行投标,它是面向全社会的招标。邀请招标是招标人以投标邀请书的方式邀请特定的法人或其他组织来进行投标。公开招标和邀请招标主要有以下区别:

①信息发布方式不同。公开招标是面向社会发布公告,邀请招标是向某一特定条

件范围内的承包人发送投标邀请书。

②承包人选择范围不同。公开招标是面向全社会的；邀请招标所针对的对象是事先已了解的承包人,投标人的数目有限,其竞争是不完全、不充分的,招标人的选择范围相对较小,有可能选择不到在技术或报价上更有竞争力的承包商或供应商。

③公开程度不同。公开招标中,所有的活动都必须严格按照预先指定并为大家所知的程序及标准公开进行,其作弊的可能性大大减小;邀请招标的公开程度较低,相应会存在一些弊端。

④时间和费用不同。公开招标程序复杂、投标人的数量较多、所花费的时间和费用都相对较多;邀请招标只在有限的投标人中进行,其花费的时间和费用也必然有所减少。

> 由于信息公开不充分,因此采用邀请招标方式必须符合法律法规的明确规定。

此外,对某些不宜公开招标或者邀请招标的特殊工程,如涉及国家秘密、专业性比较强的工程,经建设行政主管部门同意,招标单位可以直接向承包人发出招标通知,由双方直接洽谈招标条件和要求,这即通常所称的议标。议标不是《招标投标法》所认可的招标投标方式。

2.2 建设工程施工的招标程序

2.2.1 建设工程施工招标的基本要求

为保证招标的公开、公正、公平,我国招标投标法对招标活动规定了一些限制性要求。

1)招标的方式

国有资金占控股或者主导地位的依法必须进行招标的项目,应当公开招标;但有下列情形之一的,可以邀请招标:一是技术复杂、有特殊要求或者受自然环境限制,只有少量潜在投标人可供选择;二是采用公开招标方式的费用占项目合同金额的比例过大。此外,国务院发展和改革部门确定的国家重点项目和省、自治区、直辖市人民政府确定的地方重点项目不适宜公开招标的,经国务院发展和改革部门或者省、自治区、直辖市人民政府批准,可以进行邀请招标。

2)招标信息的发布

> 招标公告、招标说明书和投标邀请书的法律性质是要约邀请。

采用公开招标方式的应当发布招标公告,其内容应当包括招标人的名称和地址,招标项目的名称、性质、数量、实施地点和技术要求等,以及获取招标文件的办法等事项。依法必须招标的项目,其招标公告必须通过国家指定的报刊、信息网络或其他媒介发布,其他项目招标公告的发布渠道则由招标人自由选择。采用邀请招标方式的,应当发出招标邀请书,其内容与上述招标公告的要求一样。受到邀请的投标人不得少于 3 个,且都应具备承担招标项目的能力,资信良好。

3)招标中禁止歧视

为了防止招标人非法左右招标活动,保证竞争的公平与公正,招标人不得以不合理的条件限制或排斥潜在投标人,不得对潜在投标人实行歧视待遇。招标文件不得要求或者标明特定的生产供应者,以及含有带倾向性或者排斥潜在投标人的其他内容。

4)保证合理的投标时间

为保证投标人编制投标文件的合理时间,招标人规定的投标截止日期距招标文件发出之日不得少于 20 日。而招标人要对已发出的招标文件进行必要的修改与澄清的,最晚也必须在投标截止日期前 15 日以书面形式通知所有投标文件的收受人。

2.2.2　建设工程施工的招标人

建设工程施工的招标人是依照建设工程招标投标法律的有关规定,提出要进行招标的工程项目,公布招标内容,并面向社会进行招标的法人或者其他组织。招标人既可以是依法已取得法人资格的组织,也可以是未取得法人资格的公司、企业、事业单位、机关、团体等。是否具备法人资格不是认定招标人资格的必备条件,但个人不能成为建设工程施工招标的主体。

> 法人是指具有民事权利能力和民事行为能力,并依法独立享有民事权利和承担民事义务的组织。

> 其他组织是指不具备法人条件的组织。

2.2.3　建设工程施工招标文件的编制与审定

招标人应当根据招标项目的特点和需要编制招标文件。招标文件应当包括招标项目的技术要求,对投标人资格审查的标准,投标报价要求和评标标准等所有实质性要求和条件,以及拟签订合同的主要条款。国家对招标项目的技术、标准有规定的,招标人应当按照这些规定在招标文件中提出相应要求。招标项目需要划分标段、确定工期的,招标人应当合理划分标段、确定工期,并在招标文件中载明。

> 招标文件是签订建设工程合同所遵循的依据,招标文件的大部分内容要列入合同之中。

2.2.4　建设工程施工评标办法的编制与审定

评标是由按照有关规定成立的评标委员会,在招标投标管理机构监督下,依据事先确定的评标原则和方法,对投标人投标文件中的报价、工期、质量、主要材料用量、施工方案或施工组织设计、以往业绩、社会信誉、优惠条件等诸方面进行综合评价,公正合理、择优选择中标单位,或向招标人推荐中标单位。目前,我国建设工程招投标实践中主要采用的评标方法是综合评估法、经评审的最低投标价法以及无标底评标法。

> 评标方法还有百分法、评议法、合理低价法和层次分析法。

1)综合评估法

综合评估法是对价格、施工方案(或施工组织设计)、项目经理的资历与业绩、质量、工期、企业信誉和业绩等因素进行综合评价以确定中标人的评标方法。目前国内普遍选用此种方法。但是该方法在评审因素的设置及其分值分配上没有固定,一旦出现行政干预,或建设单位、招投标管理机构出现倾向性,就可改变评标因素和标准,使之有利于某个投标人,从而导致"人情标""假招标"的出现。

2)经评审的最低投标价法

经评审的最低投标价法是指经过评审,使能够满足招标文件的实质性要求,投标报价最低的(低于成本的除外)投标人中标的评审方法。这种方法比较简单,主要适用于具有通用技术、性能标准,或招标人对其技术、性能没有特殊要求的招标项目。

3)无标底评标法

无标底评标是指招标人不设置标底(或即使设置标底也不作为评标标准),开标前根据工程特点制订评标原则,依据投标报价的综合水平确定工程合理造价(评标基准价),并以此作为评判各投标报价的依据的评标方法。

具体采取何种评标方法,需要评标小组或评标委员会根据工程的性质、各评标方法的优缺点及适用范围,结合实际情况来确定。

2.2.5 建设工程施工招标标底的编制

标底是依据国家统一的工程量计算规则、预算定额和计价办法计算出来的工程造价,是招标人对建设工程的预算期望值,也是评标的参考基准价。因此,为了使招标能在公正的环境下进行,对设有标底的建设工程项目,招标人对标底必须保密。

> 标底编制的合理性、准确性直接影响工程造价。

编制标底应当遵循下列原则:

①根据设计图纸及有关资料,招标文件,国家规定的技术、经济标准,定额及规范,确定工程量和设定标底。

②标底价格应由成本、利润和税金组成,一般应控制在批准的建设项目总概算及投资包干的限额内。

③标底价格作为招标人的期望价,应力求与市场的实际变化相吻合,要有利于竞争和保证工作质量。

④标底价格应考虑人工、材料、机械台班等价格变动因素及施工期不可预见费、包干费、措施费等。如果要求工程达到优良,还应增加相应费用。

⑤一个工程只能设定一个标底。

2.3 建设工程施工的投标程序

2.3.1 建设工程施工投标的基本要求

1)投标文件的基本要求

①投标人应当按照招标文件的要求编制投标文件。投标文件不仅在内容上,而且在形式上乃至于格式上都应当符合招标文件的要求。

②投标文件应当对招标文件提出的实质性要求和条件作出响应。实质性响应是指对招标文件提出的要求和规定的条件,在投标文件中都应作出相应的回答,对其中主要的要求和条件,如主要的技术参数、投标报价要求、投标有效期、投标保证金的数额和形式等,不允许有偏差和保留。

③投标文件应当载明拟派出的项目负责人与主要技术人员的简历、业绩和拟用于

完成招标项目的机械设备等。

2)投标文件的时限

投标人应当在招标文件要求提交投标文件的截止时间前,将投标文件密封送达投标地点。招标人收到投标文件后,应当签收保存,不得开启。投标人少于 3 个的,招标人应当依照《招标投标法》重新招标。在招标文件要求提交投标文件的截止时间后送达的投标文件,招标人应当拒收。

3)投标文件的补充、修改或者撤回

投标是一次性的,同一投标人不能就同一招标进行两次以上的投标。但是,投标人在招标文件要求提交投标文件的截止时间前,可以补充、修改或者撤回已提交的投标文件,并书面通知招标人。补充、修改的内容为投标文件的组成部分,具有同等效力。

在实践中,允许投标人在一定条件下补充、修改或撤回投标书。

4)中标项目的分包

投标人根据招标文件载明的项目实际情况,拟在中标后将中标项目的部分非主体、非关键性工作进行分包的,应当在投标文件中载明。

5)联合体投标

两个以上法人或者其他组织可以组成一个联合体,以一个投标人的身份共同投标。联合体各方均应当具备承担招标项目的相应能力。国家有关规定或者招标文件对投标人资格条件有规定的,联合体各方均应当具备规定的相应资格条件。由同一专业的单位组成的联合体,按照资质等级较低的单位确定资质等级。联合体中标的,联合体各方应当共同与招标人签订合同,就中标项目向招标人承担连带责任。

招标人不得强制投标人组成联合体共同投标以及限制投标人之间的竞争。

6)禁止不正当竞争

投标人不得相互串通投标报价,不得排挤其他投标人的公平竞争,损害招标人或者其他投标人的合法权益。投标人不得与招标人串通投标,损害国家利益、社会公共利益或者他人的合法权益。禁止投标人以向招标人或者评标委员会成员行贿的手段谋取中标。投标人不得以低于成本的报价竞标,也不得以他人名义投标或者以其他方式弄虚作假,骗取中标。

2.3.2　建设工程施工的投标人

投标人是响应招标、参加投标竞争的法人或者其他组织。依法招标的科研项目允许个人参加投标,投标个人适用《招标投标法》有关投标人的规定。投标人应当具备承担招标项目的能力,如果国家有关规定中对投标人资格条件或者招标文件对投标人资格条件有规定的,投标人应当具备规定的资格条件。

1)投标人享有的权利

①符合条件的企业或企业联合体,均可按照招标文件的要求参加投标。采用联合体投标的,联合体各方就中标项目向招标人承担连带责任。

②有权根据自己的经营状况和掌握的市场信息,确定自己的投标报价。

③有权对要求优良的工程实行优质优价。

④有权根据自己的经营状况参与投标竞争或拒绝参与投标竞争。

2）投标人承担的义务

①决定参加投标时，应首先接受招标人的资格审查。

②如果招标文件有要求，或法律有规定，应向招标人交纳投标保证金的，投标人应及时交纳。招标工作结束时，招标人应将投标保证金及时退还给投标人。

③不得串通作弊，哄抬标价。

2.3.3 建设工程施工投标的内容

投标人应当按照招标文件的要求编制投标文件。投标文件应当对招标文件提出的实质性要求和条件作出响应。投标文件主要包括投标函、投标报价、施工组织设计、商务和技术偏差表等。投标人根据招标文件载明的项目实际情况，拟在中标后将中标项目的部分非主体、非关键性工作进行分包的，应当在投标文件中载明。

投标人可以提出修改设计、合同条件等建议方案，并做出相应标价，和投标文件同时密封寄送招标人，供招标人参考。投标文件须有单位和法定代表人或委托代理人的印鉴。投标人应在规定的日期内将投标文件密封送达招标人。

2.3.4 串通投标行为的认定

1）投标人相互串通投标

下列情形属于投标人相互串通投标：投标人之间协商投标报价等投标文件的实质性内容；投标人之间约定中标人；投标人之间约定部分投标人放弃投标或者中标；属于同一集团、协会、商会等组织成员的投标人按照该组织要求协同投标；投标人之间为谋取中标或者排斥特定投标人而采取的其他联合行动。

下列情形视为投标人相互串通投标：不同投标人的投标文件由同一单位或者个人编制；不同投标人委托同一单位或者个人办理投标事宜；不同投标人的投标文件载明的项目管理成员为同一人；不同投标人的投标文件异常一致或者投标报价呈规律性差异；不同投标人的投标文件相互混装；不同投标人的投标保证金从同一单位或者个人的账户转出。

2）招标人与投标人串通投标

下列情形属于招标人与投标人串通投标：招标人在开标前开启投标文件并将有关信息泄露给其他投标人；招标人直接或者间接向投标人泄露标底、评标委员会成员等信息；招标人明示或者暗示投标人压低或者抬高投标报价；招标人授意投标人撤换、修改投标文件；招标人明示或者暗示投标人为特定投标人中标提供方便；招标人与投标人为谋求特定投标人中标而采取的其他串通行为。

2.4   建设工程施工的决标程序

建设工程的决标程序包括建设工程施工的开标、评标和定标 3 个阶段。建筑工程招标的开标、评标、定标由招标人依法组织实施,并接受有关行政主管部门的监督。

2.4.1   建设工程施工的开标

开标应当在招标文件确定的提交投标文件截止时间的同一时间公开进行。开标地点应当为招标文件中预先确定的地点。开标由招标人主持,邀请所有投标人参加。开标时,由投标人或者其推选的代表检查投标文件的密封情况,也可以由招标人委托的公证机构检查并公证,经确认无误后,由工作人员当众拆封,宣读投标人名称、投标价格和投标文件的其他主要内容。

投标文件应当符合基本的形式要求,否则将被判定为无效投标文件。如《房屋建筑和市政基础设施工程施工招标投标管理办法》第三十四条规定,在开标时,投标文件出现下列情形之一的,应当作为无效投标文件,不得进入评标:

①投标文件未按照招标文件的要求予以密封的;

②投标文件中的投标函未加盖投标人的企业及企业法定代表人印章的,或者企业法定代表人委托代理人没有合法、有效的委托书(原件)及委托代理人印章的;

③投标文件的关键内容字迹模糊、无法辨认的;

④投标人未按照招标文件的要求提供投标保函或者投标保证金的;

⑤组成联合体投标的,投标文件未附联合体各方共同投标协议的。

投标人在开标后不得更改其投标内容,但可以允许其对自己的投标文件作一般性的说明或澄清某些问题,该说明或澄清不得超出投标文件的范围或者改变投标文件的实质性内容。

2.4.2   建设工程施工的评标

建设工程的评标是指按照规定的标准和方法,对投标文件进行评审和比较,从而找出符合法定条件的最佳投标。评标委员会应当按照招标文件确定的标准和方法,对投标文件进行评审和比较,设有标底的,应当参考标底。在完成评标后,评标委员会应当向招标人提出书面评标报告,并推荐合格的中标候选人。招标人根据评标委员会提出的书面评标报告和推荐的中标候选人确定中标人,也可以授权评标委员会直接确定中标人。国务院对特定招标项目的评标有特别规定的从其规定。评标委员会成员不得私下接触投标人,不得收受投标人的财物或者其他好处。评标委员会成员和参与评标的有关工作人员不得透露对投标文件的评审和比较、中标候选人的推荐情况以及与评标有关的其他情况。

评标委员会是为某一次招标投标活动而成立的临时性机构,也称评标人。

2.4.3　建设工程施工的定标

定标是招标人通过评标,从投标人中决定中标人。定标在法律性质上一般被认为是对投标的承诺。但是,如果招标人并不完全同意投标人的条件,而是需要与中标人就合同的主要内容进行进一步谈判、协商,那么这种只是选择合同相对人的行为,不能视为承诺性质的定标。

评标委员会一般应对投标人的报价、工期、主要材料用量、施工方案、质量业绩、企业信誉等进行综合评价,择优确定中标人。中标人的投标应当符合下列条件之一:

①能够最大限度地满足招标文件中规定的各项综合评价标准。

②能够满足招标文件的实质性要求,并且经评审的投标价格最低。但是投标价格低于成本的除外,即不得以最低报价作为中标的唯一标准。

在下列情形下,评标委员会可否决所有的投标,宣布所有的投标均为废标。在确定所有的投标均为废标后,招标人应当依法重新招标:

①最低投标价大大超过标底或者合同估价,招标人无力接受投标;

②所有投标人在实质上均未响应招标文件的要求。

③投标人少于 3 个,不能达到预期的竞争目的。

中标人确定后,招标人应当向中标人发出中标通知书,并同时将中标结果通知所有未中标的投标人。中标通知书对招标人和中标人具有法律效力。中标通知书发出后,招标人改变中标结果的,或者中标人放弃中标项目的,应当依法承担法律责任。

> 中标文件是招标人与中标人之间已形成合同关系的证明。

2.4.4　签订建设工程施工合同

签订合同即是对招标文件和投标文件内容的确认和整理,因此《招标投标法》第四十六条规定:"招标人和中标人应当自中标通知书发出之日起三十日内,按照招标文件和中标人的投标文件订立书面合同。招标人和中标人不得再行订立背离合同实质性内容的其他协议。"如果招标人和中标人另行签订的建设工程施工合同约定的工程范围、建设工期、工程质量、工程价款等实质性内容,与中标合同不一致,一方当事人请求按照中标合同确定权利义务的,人民法院将会予以支持。招标人最迟应当在书面合同签订后 5 日内向中标人和未中标的投标人退还投标保证金及银行同期存款利息。

建设工程施工合同是诺成性双务合同。这类合同一经签订,即具有法律效力,就在发包人和承包人之间产生法律上的联系,这种联系即为合同的法律约束力。合同的法律约束力主要表现为以下方面:

> 合同内容应与招标投标文件内容相符。

①当事人双方依据合同的约定都享有相应的权利。

②当事人双方依据合同的约定分别承担相应的义务。

③任何一方无权擅自变更或解除合同,如有特殊原因需要变更或解除合同,必须向对方提交书面文件,在双方协商一致的前提下,方能变更或解除合同。若因变更合同给对方造成损失,提出变更的一方当事人应向对方予以赔偿;解除合同时必须按法律规定和合同约定承担相应责任。

④任何一方违反合同规定,不履行约定的义务,应承担相应的法律责任;双方都有过错的,应分别承担相应的法律责任。

2.5 建设工程招标投标的管理

建设工程招标投标的管理包括自行招标与招标代理的管理,其管理机构涉及住房和城乡建设部(原建设部,以下简称住建部),省、自治区、直辖市人民政府建设行政主管部门,以及国务院工业、交通相关部门。

2.5.1 自行招标与招标代理的管理

1)自行招标管理

招标人自行办理招标事宜,应当具有编制招标文件和组织评标的能力。

对于经国家发展改革委审批(含经国家发展改革委初审后报国务院审批)的工程建设项目,招标人自行办理招标事宜应当具备如下条件:

①具有项目法人资格(或者法人资格)。

②具有与招标项目规模和复杂程度相适应的工程技术、概预算、财务和工程管理等方面专业技术力量。

③有从事同类工程建设项目招标的经验。

④设有专门的招标机构或者拥有 3 名以上专职招标业务人员。

⑤熟悉和掌握招标投标法律及有关法规、规章。

招标人自行办理招标事宜的,任何单位和个人不得强制其委托招标代理机构办理招标事宜。依法必须进行招标的项目,招标人自行办理招标事宜的,应当向有关行政监督部门备案。

> 自行招标没有投资金额的限制。

> 不符合自行招标条件的,国家计划行政部门在批复可行性研究报告时,要求招标人委托招标代理机构办理招标事宜。

2)招标代理管理

招标代理机构是指依法设立,从事招标代理业务并提供相关服务的社会中介组织。自 2017 年 12 月 28 日起,各级住房城乡建设部不再受理招标代理机构资格认定申请,停止招标代理机构资格审批。招标代理机构在招标人委托的范围内开展招标代理业务,任何单位和个人不得非法干涉。招标代理机构应当与招标人签订工程招标代理书面委托合同,并在合同约定的范围内依法开展工程招标代理活动。招标代理机构及其从业人员应当严格按照《招标投标法》《招标投标法实施条例》等相关法律法规开展工程招标代理活动,不得在所代理的招标项目中投标或者代理投标,也不得为所代理的招标项目的投标人提供咨询,并对工程招标代理业务承担相应责任。

> 招标代理机构应当在招标人委托的范围内办理招标事宜。

2.5.2 建设工程招标投标的管理机构

国务院建设行政主管部门负责全国工程施工招标投标活动的监督管理。县级以上地方人民政府建设行政主管部门负责本行政区域内工程施工招标投标活动的监督管理。具体的监督管理工作可以委托工程招标投标监督管理机构负责实施。

2.6 违反建设工程招标投标法规的法律责任

建设工程招标投标活动必须依法进行,任何违法行为都要承担相应的法律责任。法律责任包括民事责任、行政责任和刑事责任。民事责任主要由《民法典》等民事法律法规规定,刑事责任主要由《刑法》规定,而《招标投标法》主要规定了行政责任。

2.6.1 招标人的法律责任

招标人应承担的法律责任主要如下:

①必须进行招标的项目而不招标的,将必须进行招标的项目化整为零或者以其他任何方式规避招标的,责令限期改正,可以处以项目合同金额5‰~10‰的罚款;对全部或者部分使用国有资金的项目,可以暂停项目执行或者暂停资金拨付;对单位直接负责的主管人员和其他直接责任人员依法给予处分。

②招标人以不合理的条件限制或者排斥潜在投标人的,对潜在投标人实行歧视待遇的,强制要求投标人组成联合体共同投标的,或者限制投标人之间竞争的,责令改正,可以处1万~5万元的罚款。

③依法必须进行招标的项目,招标人向他人透露已获取招标文件的潜在投标人的名称、数量或者可能影响公平竞争的有关招标投标的其他情况的,或者泄露标底的,给予警告,可以并处1万~10万元的罚款;对单位直接负责的主管人员和其他直接责任人员依法给予行政处分;构成犯罪的,依法追究刑事责任。

④依法必须进行招标的项目,招标人违反《招标投标法》规定,与投标人就投标价格、投标方案等实质性内容进行谈判的,给予警告,对单位直接负责的主管人员和其他直接责任人员依法给予处分。如果影响中标结果的,中标无效。

⑤招标人在评标委员会依法推荐的中标候选人以外确定中标人的,依法必须进行招标的项目在所有投标被评标委员会否决后自行确定中标人的,中标无效,责令改正,可以处中标项目金额5‰~10‰的罚款;对单位直接负责的主管人员和其他直接责任人员依法给予处分。

⑥投标人投标后,由于招标人的原因而中止的招标或招标失败,招标人应向各投标人赔偿一定的经济损失。

2.6.2 投标人的法律责任

投标人应承担的法律责任主要如下:

①投标人相互串通投标或者与招标人串通投标的,投标人以向招标人或者评标委员会成员行贿的手段谋取中标的,中标无效,处中标项目金额5‰~10‰的罚款,对单位直接负责的主管人员和其他直接责任人员处以单位罚款数额5%~10%的罚款;有违法所得的,并处没收违法所得;情节严重的,取消其1~2年内参加依法必须进行招标的项

双罚制:对招标单位加以处罚,同时追究主管人员和其他直接责任人相应的法律责任。

联合投标人对投标及合同中的违约负连带责任。

目的投标资格并予以公告,直至由工商行政管理机关吊销营业执照;构成犯罪的,依法追究刑事责任。给他人造成损失的,依法承担赔偿责任。

②投标人以他人名义投标或者以其他方式弄虚作假,骗取中标的,中标无效,给招标人造成损失的,依法承担赔偿责任;构成犯罪的,依法追究刑事责任。依法必须进行招标的项目的投标人有上述行为但尚未构成犯罪的,处中标项目金额 5‰~10‰ 的罚款,对单位直接负责的主管人员和其他直接责任人员处以单位罚款数额 5%~10% 的罚款;有违法所得的,并处没收违法所得;情节严重的,取消其 1~3 年内参加依法必须进行招标的项目的投标资格并予以公告,直至由工商行政管理机关吊销营业执照。

③中标人将中标项目转让给他人的,将中标项目肢解后分别转让给他人的,将中标项目的部分主体、关键性工作分包给他人的,或者分包人再次分包的,转让、分包无效,处转让、分包项目金额 5‰~10‰ 的罚款;有违法所得的,并处没收违法所得;可以责令停业整顿;情节严重的,由工商行政管理机关吊销营业执照。

④中标人不履行与招标人订立的合同的,履约保证金不予退还,给招标人造成的损失超过履约保证金数额的,还应当对超过部分予以赔偿;没有提交履约保证金的,应当对招标人的损失承担赔偿责任。中标人不按照与招标人订立的合同履行义务,情节严重的,取消其 2~5 年内参加依法必须进行招标的项目的投标资格并予以公告,直至由工商行政管理机关吊销营业执照。但因不可抗力不能履行合同的除外。

保证金≠定金

2.6.3 其他相关人的法律责任

其他相关人的法律责任主要如下:

①招标代理机构泄露应当保密的与招标投标活动有关的情况和资料的,或者与招标人、投标人串通,损害国家利益、社会公共利益或者他人合法权益的,处 5 万~25 万元的罚款,对单位直接负责的主管人员和其他直接责任人员处单位罚款数额 5%~10% 的罚款;有违法所得的,并处没收违法所得;情节严重的,禁止其 1~2 年内代理依法必须进行招标的项目并予以公告,直至吊销营业执照;构成犯罪的,依法追究刑事责任;给他人造成损失的,依法承担赔偿责任。

②评标委员会成员收受投标人的财物或者其他好处的,评标委员会成员或者参加评标的有关工作人员向他人透露对投标文件的评审和比较、中标候选人的推荐以及与评标有关的其他情况的,给予警告,没收收受的财物,并处 3 000~50 000 元的罚款,对有所列违法行为的评标委员会成员取消担任评标委员会成员的资格,不得再参加任何依法必须进行招标的项目的评标;构成犯罪的,依法追究刑事责任。

③任何单位违反招标投标法规定,限制或者排斥本地区、本系统以外的法人或者其他组织参加投标的,为招标人指定招标代理机构的,强制招标人委托招标代理机构办理招标事宜的,或者以其他方式干涉招标投标活动的,责令改正;对单位直接负责的主管人员和其他直接责任人员依法给予警告、记过、记大过的处分,情节较重的,依法给予降级、撤职、开除的处分。

个人利用职权进行前款违法行为的,依照前款规定追究责任。

④对招标投标活动依法负有行政监督职责的国家机关工作人员徇私舞弊、滥用职

权或者玩忽职守,构成犯罪的,依法追究刑事责任;不构成犯罪的,依法给予行政处分。

⑤依法必须进行招标的项目违反招标投标法规定,中标无效的,应当依照招标投标法规定的中标条件从其余投标人中重新确定中标人,或者依照招标投标法重新进行招标。

【延伸阅读】

对我国招投标市场尚存问题的思考

随着经济的快速发展,近年来,我国基础设施和住宅建设发展速度加快,国内建筑市场异常火爆。为了规范建设工程招标投标秩序,国家制定了《建筑法》《招标投标法》等法律法规,各地也相继建立了有形建筑市场,实施规范的建筑招投标制度。但是,目前一些地方建设工程招投标活动仍然存在不容忽视的问题。

其一,招标决策权缺乏制约,受行政干预。有的行政领导和工作人员滥用职权,利用或干涉发包权,行贿受贿的现象还大量存在。招标代理机构还没有完全与行政主管部门脱钩,所谓的脱钩协议、人事代理的真实性大打折扣,这就很难保证招标代理的独立性。个人倾向性往往在评标前就通过各种渠道注入评委中,大大降低了评标定标的公正性。

其二,招标范围窄。尽管国家法律法规对招标范围进行了规定,但是,目前人们对设计、监理、勘察、设备及采购招标的认识远不如对施工招标的认识深刻,甚至还出现误解。在有些市以下的县或县级市,勘察设计、监理及采购招标还没有开展。

其三,评委水平参差不齐。在一些地方,符合规定要求的评标专家不多,没有建立起一套科学的评标办法,有些招标人单纯看重报价高低,整个评分方法重定性评分而轻定量评分。

这些问题集中在政府投资工程上,特别是招投标阶段的"暗箱操作""违规操作",剥夺了潜在投标人公平竞争的机会,也给腐败分子提供了权力"寻租"沃土。若这种状况不予以坚决整治,将使建筑市场处于非良性竞争状态,危害行业的健康发展。

【案例分析】

投标文件"异常一致"构成串通投标行为

2012年6月19日,杭州萧山国际机场二期扩建工程项目开标,瀚镒公司为第一中标候选人,金炬公司为第五中标候选人。2014年7月15日,浙江省发展和改革委员会作出行政处罚决定,认定瀚镒公司与金炬公司的投标文件异常一致,其行为属于串通投标行为。由于涉案项目中标金额为705.81万元,根据我国《行政处罚法》第八条第二款、《招标投标法》第五十三条,对瀚镒公司罚款42 300元,对瀚镒公司参与本次投标活动的直接负责人盛力峰和直接责任人卢亚龙各处罚款2 540元。盛力峰不服上述行政处罚,向法院提起行政诉讼,请求撤销该处罚。

法院审理后认为,瀚镒公司报送的投标文件"项目培训计划"部分包括培训内容、工作思路、工作方针、工作重点、附件(制订培训详细计划的步骤),而金炬公司在其投标文件"员工培训"部分也包括前述内容,仅比瀚镒公司少培训人数下一简单图表。双方的具体内容及文字表述、标点符号均高度一致,乃至标点符号的不规范之处也相同。该培训部分理应属于投标人根据自身情况自行设计与撰写,两家不同投标人的投标书中出现前述一致,显然构成"异常一致"。我国《招标投标法实施条例》第四十条第四款规定,"不同投标人的投标文件异常一致或者投标报价呈规律性差异"的,视为投标人相互串通投标。法院认定行政处罚认定事实清楚,适用法律正确,程序合法,决定给予的处罚金额在法定幅度之内,遂驳回了盛力峰的诉讼请求。[①]

简短回顾

　　建设工程招标投标活动应当遵循公开、公平、公正和诚实信用原则。招标人应当根据招标项目的特点和需要编制招标文件,评标委员会应当依据事先确定的评标原则和方法对投标人的投标进行评估,投标人应当具备承担招标项目的能力和规定的资格条件。建设工程的决标程序包括开标、评标和定标三个过程。开标应当按规定时间公开进行;评标是按照规定的标准和方法,对投标文件进行评审和比较;定标在法律性质上一般被认为是对投标的承诺,通过评标从投标人中决定中标人。通过签订合同对招标文件和投标文件内容进行确认和整理。建设工程招投标的管理分为自行招标的管理与招标代理的管理,管理机构涉及国家建设行政主管部门,省、自治区、直辖市人民政府建设行政主管部门等。建设工程招标投标活动必须依法进行,任何违法行为都要承担相应的法律责任。

复习思考

2.1　建设工程招投标应当遵循什么原则?

2.2　哪些建设工程项目属于强制招标的范围?

2.3　建设工程招标投标的法定程序有哪些?

2.4　违反建设工程招标投标法规应当承担什么法律责任?

2.5　案例分析:被告是一家房地产开发公司,经批准发布公告就某开发项目进行招标。原告某建筑公司及另外 3 家公司参加了投标,经过评标委员会评定,原告中标,该中标结果由建设工程招标投标管理办公室予以见证,被告向原告发出了中标通知书。随后被告指令原告先做好开工准备,再签订合同。原告按被告要求平整了施工场地,进行了打桩架等开工准备,并应被告要求举行了开工仪式。但是,工程开工后被告却迟迟不肯与原告签订合同。开工 3 个月后被告函告原告"将另行落实施工队伍"。双方经多次协商未果,原告遂起诉至法院。问:被告是否应承担法律责任以及应承担何种法律责任?

---

①　参见杭州市西湖区人民法院(2015)杭西行初字第 4 号行政判决书。

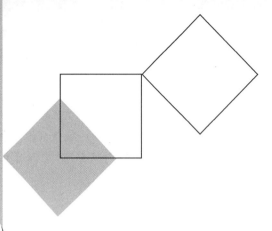

3 建设工程合同法规

本章导读：

　　昌顺公司是具有施工资质等级的建筑企业，在某水泥厂的工程招标中中标，并经建设工程招标投标管理办公室备案，昌顺公司与该水泥厂签订了一份建设工程施工合同，约定由昌顺公司承建水泥厂的职工宿舍楼工程。工程施工过程中由于吊篮钢丝绳断裂造成了一死两伤的重大安全事故，建设行政主管部门遂对昌顺公司作出降一级资质并处罚款的处罚。随后，水泥厂以昌顺公司不符合宿舍楼工程所要求的施工资质等级为由，诉至法院要求解除与昌顺公司的施工合同。在本案中，水泥厂是否可以昌顺公司资质等级已经降低而要求解除合同？法院应否支持水泥厂的请求？昌顺公司资质的降低是否影响合同的效力？通过本章的学习，相信您能得到明确的答案。

3.1　建设工程合同法规概述

3.1.1　建设工程合同的含义

　　建设工程合同是指承包人依约定完成建设工程，发包人按约定验收工程并支付酬金的合同。承包人是指在建设工程合同中负责工程的勘察、设计、施工的一方当事人；发包人是指在建设工程合同中委托承包人进行勘察、设计、施工等工作的建设单位。

3.1.2　建设工程合同的特点

　　由于建设工程具有投资大、周期长、质量要求高、技术力量全面、影响国计民生等特点,因此,与一般合同相比建设工程合同具有特殊性。

①建设工程合同的承包人只能是法人,而且只能是经过批准的具有相应资质的法人。

②建设工程合同的标的仅限于完成建设工程工作的行为。

③建设工程合同从订立到履行,从资金的投放到最终的竣工验收,均受到国家的严格管理和监督。

④建设工程合同为要式合同,必须采取书面形式。

3.1.3　建设工程合同的分类

依合同内容的不同,对建设工程合同可以做如下分类:

(1)建设工程勘察设计合同

建设工程勘察设计合同是指委托方与承包方为完成一定的勘察设计任务,明确相互权利义务的协议。这类建设工程合同又可分为以完成建设场地的地质勘察工作为标的的勘察合同,和以完成建设项目决策或具体施工的设计工作为标的的设计合同。

(2)建筑安装工程承包合同

建筑安装工程承包合同是发包人与承包人之间达成的、为完成商定的建筑安装工程而明确相互权利义务关系的协议。

(3)建设物资采购供应合同

建设物资采购合同是双方当事人为实现建筑材料和项目机电成套设备的买卖,明确相互权利义务的协议。建设物资供应合同是指双方当事人为完成项目建设的物资供应,明确相互权利义务关系的协议。

(4)建设工程施工合同

建设工程施工合同是指建设单位与建筑施工企业为完成商定的建设工程项目,明确相互权利和义务关系的协议。

此外,国际工程承包合同也是建设工程合同的重要形式。所谓国际工程承包合同,是指一国的建设工程发包方与另一国的建设工程承包方之间,为承包建设工程项目而达成的协议。国际工程承包合同的主体一方或双方属外国籍,标的是特定的工程项目,内容是当事人确立的,为完成本项特定工程应享有的权利和应承担的义务。国际工程承包合同又包括以下几种合同:

①国际工程咨询合同。国际工程咨询合同是指依委托人的委托,就某项工程中缺乏的必要工程技术知识提供公正合理建议而达成的协议。具体的国际工程咨询业务包括:投资前研究,如项目可行性研究、项目现场勘察;项目准备工作,如工程设计、准备招标文件;工程服务,如建设工程监督、项目管理;技术服务,如技术培训、技术推广服务。

②国际建设施工合同。国际建设施工合同是国际工程承包合同中最重要的,也是最常见的。按建设工程合同价格分类,可分为总价合同、单价合同、成本加酬金合同;按合同主体分类,可分为总承包合同、分别承包合同、分包合同、转包合同、劳务合同、设计-施工合同。

③国际工程服务合同。国际工程服务合同是指业主将复杂的工程项目委托给相关工程公司、设备制造公司等,约定由其负责工程服务工作而订立的合同。

④设备供应和安装合同。这类合同包括单纯的设备供应合同、设备供应和安装合同、单纯的安装合同、监督安装合同。

3.1.4　建设工程合同法规体系

建设工程合同法规是指调整建设工程合同当事人,在工程建设中所发生的合同关系的法律规范的总称。建设工程合同法规体系是指按照一定的标准,将现行的建设工程合同法规、规范分类组合,形成内容和谐、结构严密完整的统一体。它不仅包括现行的有关建设工程合同的法律,也包括已颁布的与之配套的建设工程合同条例、实施细则、管理办法,以及调解、仲裁、审理建设工程合同纠纷的各种程序法规、司法解释,还包括散见于其他部门法中有关建设工程合同的法律法规。

我国建设工程合同法规的体系结构如下:

1) 建设工程合同法律

建设工程合同属民商事合同。由全国人民代表大会及其常务委员会依照立法程序制定的调整民商事合同法律关系的法律,对建设工程合同均有约束力,其效力高于行政法规。如《民法典》是民事基本法,建设工程合同中的民事法律行为受该法基本原则及相关条款的约束,该法典中的合同编是调整合同法律关系的基本法律,建设工程合同作为合同的一类,必须遵循合同编的通用性规定;《招标投标法》对必须招标工程的合同签订、合同内容及合同履行等均做了具体规定;《建筑法》是我国调整工程建设活动的基本法,凡是在我国境内从事建筑活动,实施对建筑活动的监督管理,都应当遵守该法。

2) 建设工程合同行政性法规和行政规章

国务院根据法律制定的与建设工程合同相关的行政法规,如《中华人民共和国劳动合同法实施条例》。国务院各部委也有权根据法律和国务院的有关行政法规,在本部门的权限内发布建设工程合同行政性规章,如《建设工程价款结算暂行办法》《建筑工程施工发包与承包违法行为认定查处管理办法》《建设工程质量保证金管理办法》。

3) 建设工程合同地方性法规

省、自治区、直辖市的人民代表大会及其常务委员会,在不与建设工程合同法律、国务院行政法规和规章相冲突的情况下,可以制定建设工程合同地方性法规。民族自治地方的人民代表大会也有权制定建设工程合同单行条例,但这些规范性文件只在本辖区内有效,如《宁夏回族自治区建设工程造价管理条例》等。

4) 相关司法解释

司法解释,是指国家最高司法机关在适用法律过程中对具体应用法律问题所作的解释,包括审判解释和检察解释两种。其中,最高人民法院对在审判活动中如何具体应用法律法规所做的解释称为审判解释,这种解释对下级法院具有普遍的约束力,如自 2021 年 1 月 1 日起施行的《最高人民法院关于审理建设工程施工合同纠纷案件适用法律问题的解释（一）》(法释〔2020〕25 号)、《最高人民法院关于适用〈中华人民共和国民法典〉有关担保制度的解释》(法释〔2020〕28 号)、《最高人民法院关于审理买卖合同纠纷案件适用法律问题的解释(2020 修正)》(法释〔2020〕17 号)、《最高人民法院关于适用〈中华人民共和国民法典〉合同编通则若干问题的解释》(法释〔2023〕13 号)。

除上述直接调整建设工程合同法律关系的法律法规外，在有关勘察设计法规、建设施工管理法规、建筑质量法规、建设监理法规、建筑市场与招标投标法规、建筑施工企业财务会计法规、建筑机械设备管理法规、房屋拆迁管理法规、城市规划法规、土地管理法规、标准化法规、环境保护法规以及固定资产投资法规中，也可能涉及建设工程合同法规的内容，如《建筑法》《城乡规划法》《建设工程质量管理条例》《建设工程勘察设计管理条例》《建设工程安全生产管理条例》等。

3.2　建设工程合同的成立

当事人双方就合同的主要条款达成一致的意思表示，合同即成立。

3.2.1　建设工程合同成立的基本原则

1）平等原则

平等原则是指地位平等的合同当事人，在权利义务对等的基础上，经充分协商达成一致，以实现互利互惠的经济目的的原则。这一原则要求合同当事人的法律地位平等，即合同当事人是平等主体，没有高低、主从之分，不存在命令与被命令、管理与被管理的关系。而且当事人在合同中的权利义务对等，享有权利就必须承担义务，一方不得无偿占有另一方的财产，侵犯对方权益。

2）诚实信用原则

诚实信用原则是指当事人在签订合同时，应诚实守信、以善意的方式履行其义务，不得滥用权利及规避法律或合同规定的义务。在商谈建设工程合同时，尽管合同尚未成立，合同当事人也应依据诚实信用原则，负有一些附随义务，如不得欺诈、遵守许诺、保密等，因违反诚信义务给对方造成损失的应负赔偿责任。

3）自愿原则

自愿原则是指合同当事人通过协商，自愿决定和调整相互权利义务关系，合同各条款均是双方当事人真实意思表示的结果。自愿原则贯穿合同活动的全过程，具体表现为：自愿缔结合同、选择合同相对人、协商决定合同内容、变更和解除合同、自愿选择合同的形式（法律、行政法规对合同形式作出明确规定的除外），以及自愿约定违约责任。

4) 公平原则

公平原则是指当事人应当遵循公平原则确定各方的权利和义务,它的实质在于公正合理。一方面,当事人订立合同时权利与义务的确定要公平,如在格式合同中承包方有权拒绝发包方提出的不公平条款。另一方面,在合同履行过程中具体问题的处理也要遵循公平原则。例如,在工程完工后,在双方约定的误差范围内,承包方以实际工程量为准收取工程款。此外,违约责任的确定也要遵循公平原则。例如,当事人一方违约后,对方当事人应当采取适当措施防止损失扩大,如果没有采取适当措施致使损失扩大的,后者不得就扩大的损失要求赔偿,但为防止损失扩大而支出的合理费用由违约方承担。

5) 合法原则

合法原则是指当事人订立、履行建设工程合同,应当遵守法律、法规,尊重社会公德,不得扰乱社会经济秩序,损害社会公共利益。具体包括两个方面:一是守法,二是遵守社会公德。当事人应当在遵守法律、法规和不违反社会公德的前提下订立合同。

3.2.2 建设工程合同成立的要件

1) 建设工程合同成立的一般要件

①有双方当事人。建设工程合同是双方或多方的法律行为。

②意思表示一致。建设工程合同作为一种协议,是通过一方当事人的要约和另一方当事人的承诺而达成的。通过要约承诺方式将双方当事人的内心意愿表现出来并达成一致。

③权利义务具体明确。建设工程合同缺少任何一项必要条款都会导致合同关系不成立。合同的必要条款是由各种合同的特殊性质决定的,因此,针对具体的建设工程合同,具体要求的内容也不同,需要在具体的建设工程合同中订明。

④有一定的外在形式。依我国《民法典》规定,建设工程合同应当采用书面形式。

> 合同的成立、合同的有效与合同的生效是极易混淆的概念。

2) 建设工程合同成立的特殊要件

建设工程合同成立的特殊要件,是指各种具体的建设工程合同依该合同的性质或当事人的约定应具备的条件。如实践合同以交付作为成立的要件之一,要式合同以符合法定或约定的形式作为合同成立的要件之一。

3.2.3 建设工程合同的内容

建设工程合同的内容是指当事人之间合意的具体内容,表现为建设工程合同的条款。

1) 建设工程合同的主要条款

建设工程合同的主要条款应包括:

①当事人的名称、住所。

②当事人双方权利义务共同指向的对象,即标的。

③数量和质量。例如:工程面积、结构形式、配套附件、质量标准、工艺、外观、等级。

④价款或报酬,统称为"价金",如发包人支付给承包人的工程款。主要包括价金的确定标准、计算方法、货币种类及计算、支付的时间及方式。

⑤履行的期限、地点和方式。

⑥违约责任。

⑦解决争议的方法。

⑧根据法律规定或按合同性质必须具备的条款。

⑨当事人的特别约定。例如:担保条款、风险转移条款、合同终止条款。

建设工程施工合同的内容一般包括工程范围、建设工期、中间交工工程的开工和竣工时间、工程质量、工程造价、技术资料交付时间、材料和设备供应责任、拨款和结算、竣工验收、质量保修范围和质量保证期、相互协作等条款。

2)建设工程合同条款的分类

根据建设工程合同条款的意义和表现形式不同可将其分为:

(1)实体条款和解决争议条款

实体条款是直接表现合同当事人债权债务关系的条款。例如:建设工程施工合同中的工程名称和地点,工程范围和内容,开工、竣工日期,材料、设备的供应和进场,双方互相协作事项,工程质量保修及保修条件,工程造价,工程价款支付,结算及交付,验收办法,违约责任等。解决争议条款是当事人对解决争议的程序、办法、适用法律等内容的约定,如仲裁条款,选择受诉法院条款,选择检验鉴定机构条款,法律适用条款。

> 解决争议条款在效力上具有独立性:合同的瑕疵或无效并不影响解决争议条款的效力。

(2)明示条款和默示条款

明示条款是合同当事人以文字、口头语言等方式明确表达合意的条款。默示条款是当事人没有在合同中明确约定,但依照法律、交易习惯和当事人的行为,推定合同应当具有的条款。例如,建设工程施工合同中没有约定承包方的进场日期,承包方根据施工需要选择某一时间入场,而发包方并未提出异议,那么,该合同实际上也存在进场日期的条款,即"承包方可根据施工需要选择适当时间进场"。

(3)违约责任条款和免责条款

违约责任条款是明确合同当事人因不履行或不完全履行合同时应承担的民事责任的条款。它不是合同的必要条款,因为即使没有该项条款,当事人如果违约,根据有关法律规定,违约方亦应承担相应的违约责任。

免责条款是在合同中约定的、为免除或限制合同当事人一方或双方将来责任的条款。但是,免责条款不同于法定免责条件。法定免责条件是由法律直接规定的可以免除当事人民事责任的事由,如不可抗力、货物本身的自然性质或货物合理的损耗、对方当事人的原因等,当法定免责条件具备后,无须当事人约定即可免除相应的合同义务。

> 免责条款的约定不得违反民法的基本原则,也不能排除合同当事人的基本义务。

3）建设工程施工合同示范文本

现行的《建设工程施工合同(示范文本)》(GF-2017-0201)是2017年9月22日由住房和城乡建设部会同国家工商行政管理总局制定发布的。该示范文本为非强制性使用文本,适用于房屋建筑工程、土木工程、线路管道和设备安装工程、装修工程等建设工程的施工承发包活动,由合同协议书、通用合同条款和专用合同条款三部分组成。

①合同协议书。共计13条,这是施工合同文本的总纲领性文件。主要内容包括工程概况、合同工期、质量标准、签约合同价和合同价格形式、项目经理、合同文件构成、承诺以及合同生效条件等重要内容,集中约定了合同当事人基本的合同权利义务。这部分内容文字量不大,但它是合同当事人最主要义务的高度概括,经合同当事人在这份文件上签字盖章,就对双方当事人产生法律约束力,而且在所有施工合同文件组成中,它具有最优的解释效力。

②通用合同条款。共计20条,这是根据我国《建筑法》等法律法规的规定,就工程建设的实施及相关事项,对合同当事人的权利义务作出的原则性约定。主要内容包括一般约定、发包人、承包人、监理人、工程质量、安全文明施工与环境保护、工期和进度、材料与设备、试验与检验、变更、价格调整、合同价格、计量与支付、验收和工程试车、竣工结算、缺陷责任与保修、违约、不可抗力、保险、索赔和争议解决。这些条款是一般土木工程所共同具备的共性条款,既考虑了现行法律法规对工程建设的有关要求,也考虑了建设工程施工管理的特殊需要,具有规范性、可靠性、完备性和适用性等特点,该部分可适用于任何工程项目,并可作为招标文件的组成部分而予以直接采用。

> 当协议书、通用条款和专用条款的规定不一致时,以协议书为准。另有约定的除外。

③专用合同条款。这是对通用合同条款原则性约定的细化、完善、补充、修改或另行约定的条款。根据不同建设工程的特点及具体情况,当事人可以通过双方的谈判、协商,对相应的专用合同条款进行修改补充。在使用专用合同条款时,应注意以下事项:一是专用合同条款的编号应与相应的通用合同条款的编号一致;二是当事人可以通过对专用合同条款的修改,来满足具体建设工程的特殊要求,避免直接修改通用合同条款;三是在专用合同条款中有横道线的地方,合同当事人可针对相应的通用合同条款进行细化、完善、补充、修改或另行约定。如无细化、完善、补充、修改或另行约定,则填写"无"或画"/"。

4）FIDIC土木工程施工合同条件的内容

"FIDIC"是国际咨询工程师联合会的缩写。该组织在每个国家或地区只吸收一个独立的咨询工程师协会作为团体会员,至今已有60多个国家和地区的成员,因此它是国际上最具有权威性的咨询工程师组织。FIDIC出版的所有合同文本,都是以通用条件、专用条件和其他标准化文件的格式编制的。

> 我国在1996年正式加入FIDIC,有关部委编制的适用于大型工程施工的标准化范本都以FIDIC编制的合同条件为蓝本。

(1)通用条件

只要是土木工程类的施工均可适用通用条件。其条款内容涉及合同履行过程中业主和承包商各方的权利与义务,工程师的权力和职责,各种可能预见到的事件发生后的责任界限,合同正常履行过程中各方应遵循的工作程序,以及因意外事件而使合同被迫解除时各方应遵循的工作准则等。

（2）专用条件

专用条件是根据准备实施项目的工程专业特点，以及工程所在地的政治、经济、法律、自然条件等地域特点，针对通用条件中条款的规定加以具体化。利用专用条件可以对通用条件中的规定进行相应补充完善、修订或取代其中的某些内容，以及增补通用条件中没有规定的条款。专用条件中的条款序号与通用条件中相应内容的条款序号对应，通用条件和专用条件相同序号的条款共同构成对某一问题的约定责任。如果通用条件的某一条款内容完备、适用，专用条件可不再重复列此条款。

（3）标准化的文件格式

FIDIC 编制的标准化合同文本，除了通用条件和专用条件以外，还包括有标准化的投标书（及附录）和协议书的格式文件。投标书的格式文件只有一页内容，是投标人愿意遵守招标文件规定的承诺表示。投标人只需填写投标报价并签字后，即可与其他材料一起构成有法律效力的投标文件。投标书附件列出了通用条件和专用条件中涉及工期和费用内容的明确数值，与专用条件中的条款序号和具体要求相一致，以使承包商在投标时予以考虑。这些数据经承包商填写并签字确认后，作为合同履行过程中双方遵照执行的依据。协议书是业主与中标承包商签订施工承包合同的标准化格式文件，双方只要在空格内填入相应内容并签字盖章，合同即可生效。

3.3　建设工程合同的效力

合同的效力是指已经成立的合同在当事人之间产生的法律约束力。

3.3.1　有效的建设工程合同

1）有效建设工程合同应符合的条件

（1）主体合格

建设工程合同的当事人必须符合法律规定的要求，承包人必须具备法人资格，并受其设立宗旨、章程及经营范围、专营许可、资质等级的约束。

（2）内容合法

建设工程合同中约定的当事人权利义务必须合法。凡是涉及法律法规有强制性规定的，必须符合有关规定，不得利用建设工程合同进行违法活动，扰乱社会经济秩序，损害国家利益和社会公共利益。

（3）意思表示真实

建设工程合同当事人任何一方不得把自己的意志强加给对方。

对附有生效条件的建设工程合同，除应当符合以上有效条件外，还需要符合所附生效条件的要求，合同才能完全发生预期的法律约束力。例如，依法律规定或依建设工程合同约定应当采用公证、登记、批准等形式后才生效的，合同双方当事人就建设工程合同的主要条款达成合意后，还须要依法或依约经过公证、登记、批准等特别程序，该建设工程合同才能生效。

2)有效建设工程合同的效力

（1）对合同当事人的效力

有效的建设工程合同在当事人之间产生相应的权利和义务，当事人应严格依照合同约定行使权利、履行义务，不得擅自变更和解除该建设工程合同。

（2）对第三人的效力

任何单位和个人不得利用任何方式侵犯建设工程合同当事人依据合同约定所享有的权利，也不得用任何方式非法阻挠当事人履行义务，更不得用行政命令的方式废除建设工程合同的效力。

（3）制裁效力

若当事人有违反建设工程合同约定的行为，则应依法承担法律责任。

3.3.2　附条件与附期限的建设工程合同

1)附条件的建设工程合同

当事人可以在建设合同中约定合同生效的条件，在条件成就前合同虽然成立，但不发生预期的效力；条件一旦成就，合同才开始产生效力，权利人可以请求义务人履行义务。当事人还可以约定合同消灭的条件，在条件未成就前，合同确定的权利义务对双方当事人有约束力，一方有权行使权利，另一方也必须履行义务；一旦条件成就，合同所确定的权利义务不再发生效力，合同归于消灭。在附条件的建设工程合同中，条件的成就与否，依靠客观事实的自然发展。人为地促使条件成就，则视为条件不成就；人为地阻止条件成就，则视为条件成就。

2)附期限的建设工程合同

当事人可以在建设工程合同中设定某一期限，约定此期限到来时合同生效，当事人开始实际享受权利和承担义务。在期限到来以前，合同虽已订立，但是其效力处于停止状态。当事人还可以约定某一期限到来时合同终止，该期限到来后，合同的效力消灭。

3.3.3　无效的建设工程合同

无效的建设工程合同是指虽然建设工程合同已经订立，但不具有法律约束力、不受法律保护的建设工程合同。无效建设工程合同不能产生设立、变更和终止当事人之间的权利义务关系的效力，无法实现当事人订立合同时的预期。

1)建设工程合同无效的原因

①主体不合格。无民事行为能力人签订的合同，承包人未取得建筑业企业资质或者超越资质等级、没有资质的实际施工人借用有资质的建筑施工企业名义所签订的合同均无效。

②内容不合法。未取得建设工程规划许可证等规划审批手续，承包人因转包、违法分包建设工程，违反法律、行政法规的强制性规定或者违背公序良俗，行为人与相对人

合同的效力包括对内和对外两个方面。

条件与期限的区别：条件的成就与否存在或然性；而期限是必然会到来的。

恶意串通进而损害他人合法权益,提供格式条款一方不合理地免除或者减轻其责任、加重对方责任、限制对方主要权利,提供格式条款一方排除对方主要权利,建设单位明示或者暗示设计单位或者施工单位违反工程建设强制性标准进而降低建设工程质量。上述情形下所签订的合同无效。

③意思表示不真实。行为人与相对人以虚假的意思表示实施的民事法律行为无效。

此外,造成对方人身损害、因故意或者重大过失造成对方财产损失的免责条款无效。

2)无效建设工程合同的认定

建设工程合同在订立阶段违反了法律规定的要求,或者建设工程合同的目的是违法的,则应认定整个建设工程合同无效。

建设工程合同整体中的某些条款如果违反了法律规定,则该条款无效。若该条款与建设工程合同整体相比具有独立性,则认定该无效条款不影响合同其他条款的效力。相反,无效条款部分与建设工程合同具有不可分性,则应认定整体建设工程合同无效。

本章导读的案例中,昌顺公司降低资质后不再具备相应的资质等级要求,合同主体不合格,导致整个合同效力存在瑕疵,水泥厂可以要求解除合同,并有权要求昌顺公司承担由此给其造成的损失。

> 建设工程合同的效力由人民法院或仲裁机构确认,其他任何单位和个人都无权宣告建设工程合同有效或无效。

3)无效建设工程合同的处理方法

建设工程合同被确认无效后,建设工程合同尚未履行的,不得履行;已经履行的,应当立即终止履行。根据《民法典》第一百五十七条,建设工程合同被确认无效后,应视不同情况作出处理,主要有下列3种方式:

(1)返还财产

建设工程合同被确认无效后,当事人依据建设工程合同所取得的财产应返还给对方。

(2)折价补偿

基于无效建设工程合同所取得的对方当事人的财产不能返还或者没有必要返还时,应按照所取得的财产价值进行折算,以金钱的方式对对方当事人进行补偿。

(3)赔偿损失

过错方给对方造成损失时,应赔偿对方因此而遭受的损失;如果双方都有过错的,各自承担相应的责任。

《民法典》第七百九十三条还规定:"建设工程施工合同无效,但是建设工程经验收合格的,可以参照合同关于工程价款的约定折价补偿承包人。建设工程施工合同无效,且建设工程经验收不合格的,按照以下情形处理:(一)修复后的建设工程经验收合格的,发包人可以请求承包人承担修复费用;(二)修复后的建设工程经验收不合格的,承包人无权请求参照合同关于工程价款的约定折价补偿。发包人对因建设工程不合格造成的损失有过错的,应当承担相应的责任。"具体而言,建设工程施工合同无效,但建设工程经竣工验收合格,一方当事人有权请求参照实际履行的合同关于工程价款的约定折价补偿承包人。建设工程施工合同无效,一方当事人请求对方赔偿损失的,应当就对方过错、损失大小、过错与损失之间的因果关系承担举证责任。损失大小无法确定,一方当事人请求参照合同约定的质量标准、建设工期、工程价款支付时间等内容确定损失大小的,人民法院可以结合双方过错程度、过错与损失之间的因果关系等因素做出裁判。

3.3.4　可撤销的建设工程合同

可撤销的建设工程合同是指基于法定原因,建设工程合同当事人有权诉请人民法院或仲裁机构予以撤销的建设工程合同,也称为相对无效的建设工程合同。根据我国《民法典》的规定,撤销的主张只能由受到损害一方当事人提出,由人民法院或仲裁机构进行审查,并确认该建设工程合同是否予以撤销,且审查、判决或裁决的范围不得超出当事人的诉讼请求。

1)撤销建设工程合同的法定事由

(1)重大误解

重大误解是指建设工程合同当事人对建设工程合同关系中某种事实因素产生的错误认识。因重大误解而订立的建设工程合同,是基于主观认识上的错误,履行的后果与建设工程合同缔约人的真实意思相悖,是有瑕疵的建设工程合同。构成重大误解应同时具备下列条件:

①由于重大误解才订立了建设工程合同,即重大误解与建设工程合同的订立之间存在因果关系。

②重大误解是建设工程合同当事人自己的错误认识。

③误解必须是重大的,如对标的物本质或重要性质的误解。同时,误解须造成当事人的重大不利后果。

④误解是误解人的非故意行为。

(2)显失公平

在订立建设工程合同时,一方利用对方处于危困状态、缺乏判断能力等情形,致使合同成立时当事人之间享有的权利和承担的义务严重不对等,如价款与标的价值过于悬殊。

(3)欺诈

一方以欺诈手段,使对方在违背真实意思的情况下所签订合同。第三人实施欺诈行为,使一方在违背真实意思的情况下签订合同,对方知道或者应当知道该欺诈行为的,也是法定的撤销事由。

(4)胁迫

一方或者第三人以胁迫手段,使对方在违背真实意思的情况下签订合同。

2)可撤销建设工程合同的效力

①当事人没有向人民法院或仲裁机构提出申请要求撤销的,该建设工程合同仍然有效。

②当事人提出申请,人民法院或仲裁机构做出撤销的判决或裁决的,已被撤销了的

建设工程合同无效。

但是,有下列情形之一的,撤销权消灭:其一,当事人自知道或者应当知道撤销事由之日起一年内、重大误解的当事人自知道或者应当知道撤销事由之日起 90 日内没有行使撤销权;其二,当事人受胁迫,自胁迫行为终止之日起 1 年内没有行使撤销权;其三,当事人知道撤销事由后明确表示或者以自己的行为表明放弃撤销权。当事人自民事法律行为发生之日起 5 年内没有行使撤销权的,撤销权消灭。

值得注意的是,依据《民法典》,在重大误解、欺诈、胁迫、显失公平情形下所为民事法律行为包括签订的建设工程合同,受到损害的当事人有权请求人民法院或者仲裁机构予以撤销,并未提及"变更"。

3.3.5　效力待定的建设工程合同

效力待定的建设工程合同是指建设工程合同成立后,其效力仍处于不确定状态,尚待第三人同意(追认)或拒绝的意思表示来确定。建设工程合同之所以出现效力不确定的状态是因为合同订立主体不适格,包括:合同主体无行为能力或无权处分;合同主体为限制行为能力人,在超出其能力范围或未取得法定代理人同意的情况下签订合同。

追认效力具有溯及力,确认合同自始有效或无效。

对效力待定的建设工程合同,经权利人(第三人)追认的,其效力溯及合同成立时;追认权人拒绝追认的,该合同自始无效。为平衡相对人的利益,法律也赋予善意相对人以催告权和撤销权。相对人在得知其与对方订立的建设工程合同存在效力待定的事由后,将效力待定事由告知追认权人(权利人),并催告追认权人于法定期限内予以确认。经催告后,追认权人未在法定期限内确认的,视为拒绝追认。与此同时,相对人有权撤销其意思表示。相对人撤销其意思表示后,效力待定的建设工程合同等于未成立。

3.4　建设工程合同的履行

3.4.1　建设工程合同履行的原则

1)遵守约定原则

建设工程合同一经依法成立,当事人应当信守诺言,按照建设工程合同的条款,全面、正确地履行建设工程合同。遵守约定原则是判定建设工程合同是否履行、是否违约的标准,同时也是衡量建设工程合同履行和承担违约责任程度的重要尺度。

法谚:一个人严守诺言,比守卫他的财产更重要。

2)诚实信用原则

诚实信用原则是指导建设工程合同履行的基本原则,对于一切建设工程合同及其履行的一切方面均适用。同时,根据建设工程合同的性质、目的和交易习惯,还需履行附随义务,如及时通知、协助、提供必要的条件,防止损失的扩大及保密等。

3.4.2 建设工程合同约定不明的履行规则

当事人就工程质量、价款或者报酬等内容没有约定或者约定不明确的,可以协议补充;不能达成补充协议的,按照建设工程合同有关条款或者交易习惯确定。依前述办法仍不能确定的,可适用下列规定:

①质量要求不明确的,按照强制性国家标准履行;没有强制性国家标准的,按照推荐性国家标准履行;没有推荐性国家标准的,按照行业标准履行;没有国家标准、行业标准的,按照通常标准或者符合合同目的的特定标准履行。

②价款或者报酬不明确的,按照订立合同时履行地的市场价格履行;依法应当执行政府定价或者政府指导价的,依照规定履行。

③履行地点不明确,给付货币的,在接受货币一方所在地履行;交付不动产的,在不动产所在地履行;其他标的,在履行义务一方所在地履行。

④履行期限不明确的,债务人可以随时履行,债权人也可以随时请求履行,但是应当给对方必要的准备时间。

⑤履行方式不明确的,按照有利于实现合同目的的方式履行。

⑥履行费用的负担不明确的,由履行义务一方负担;因债权人原因增加的履行费用,由债权人负担。

3.4.3 建设工程合同履行中的抗辩权

抗辩权是针对请求权而言的。

建设工程合同履行中的抗辩权是建设工程合同当事人在一定条件下将自己应为的给付暂时保留的权利。在合同关系中,合同当事人互为权利人与义务人,合同抗辩权是从义务人角度设置的权利,因此,也可以说履行抗辩权是义务人的权利。这种权利的行使无须对方的意思表示与合作,也不必经诉讼或仲裁程序,但应遵循诚实信用原则,不得滥用。合同的履行抗辩权分为同时履行抗辩权、先履行抗辩权和不安抗辩权。

1)同时履行抗辩权

同时履行抗辩权是指合同当事人一方于他方未为对待给付时,自己有权拒绝给付。同时履行抗辩权的成立须具备一定条件:双方当事人的义务基于同一合同产生,两项义务没有履行的先后顺序,对方当事人未履行或未提出履行义务。例如,甲乙双方约定甲方有给付工程材料货款的义务,乙方有提供符合合同要求的工程材料的义务,但没有约定谁先给付。因此,甲方在乙方未提供材料之前可以拒绝支付货款,乙方在甲方未支付货款之前也可以拒绝提供材料。

2)先履行抗辩权

先履行抗辩权是指依照合同约定或法律规定负有先履行义务的一方当事人,在履行期限内未履行义务、履行义务有重大瑕疵或预期违约时,对方为保护自己的利益而中止履行合同相对义务的权利。例如,甲乙双方约定由乙方承建一项外墙装饰工程,甲方按照工程进度分期给付工程款,最后一期工程款在乙方完工经验收合格时交付。如果乙方在工程竣工并经验收合格之前请求甲方支付最后一期工程款,那么甲方就可以乙方未完工并经验收合格为由拒绝支付工程款。此时,甲方行使的就是先履行抗辩权。先履行抗辩权并非永久存续的,当先期违约人恢复履行合同义务使合同履行趋于正常时,先履行抗辩权消灭,行使先履行抗辩权的一方应当及时履行合同相对义务。

3) 不安抗辩权

不安抗辩权是指在合同中负有先履行义务的一方,有确切证据证明对方丧失履行相对义务的能力时,在对方没有履行或者没有提供担保之前,有拒绝先履行义务的权利。

行使不安抗辩权是合同一方当事人依法享有的权利,不以对方当事人同意为必要,但是权利人应及时通知对方当事人。同时,行使不安抗辩权的一方当事人还负有证明对方丧失履行相对义务能力的举证责任,否则将承担中止履行合同的违约责任。当对方履行合同义务或提供适当担保时,行使不安抗辩权的当事人应当恢复履行合同。对方在合理期限内未恢复履行能力并且未提供适当担保的,中止履行的一方可以解除合同。

此外,针对合同成立后,合同的基础条件发生了当事人在订立合同时无法预见的、不属于商业风险的重大变化,继续履行合同对于当事人一方明显不公平的,受不利影响的当事人可以与对方重新协商;在合理期限内协商不成的,当事人可以请求人民法院或者仲裁机构变更或者解除合同。人民法院或者仲裁机构应当结合案件的实际情况,根据公平原则变更或者解除合同。此即所谓情势变更原则。

> 先履行抗辩权本质上是对违约的抗辩,因此,也称违约救济权、后履行抗辩权、顺序履行抗辩权。

3.5 建设工程合同的变更

3.5.1 建设工程合同变更的条件

建设工程合同变更是在建设工程合同没有履行或者没有全部履行之前,由于一定的原因,由当事人对建设工程合同约定的权利义务进行局部调整,通常表现为对建设工程合同某些条款的修改和补充,包括标的的数量和质量的变更,价款和报酬的变更,履行期限、地点及方式的变更等。变更建设工程合同应当符合下列条件:

①建设工程合同变更以合同有效成立为前提。无效和已被撤销的建设工程合同,不存在变更的问题。对可撤销而尚未被撤销的建设工程合同,当事人也可以不经人民法院或者仲裁机构裁决,而采取协商手段,变更某些条款,消除建设工程合同中的重大误解和显失公平,以及其他足以导致合同变更或撤销的因素,从而使其成为符合法律要求的建设工程合同。

②建设工程合同变更须有双方当事人的协商一致。建设工程合同是发包人与承包人协商一致的产物,因此,建设工程合同任何内容的变更,必须经过发包人与承包人的协商一致,未经协商擅自变更合同内容的构成违约,应当承担违约责任。

> 建设工程合同的变更,要通过会议纪要、签证或补充协议等方式将变更内容及时予以固定。

③建设工程合同变更必须有合同内容的变化。建设工程合同的变更只针对建设工程合同非实质性的内容，如数量和质量的变更，价款和报酬的变更，履行期限、地点及方式的变更，违约责任的变更等。如果是针对建设工程合同标的或者标的物的变更，将使整个建设工程合同发生根本性的变化，则应称之为建设工程合同的更新。

④建设工程合同变更须遵循法定的形式。《民法典》的规定，对于一些特定的建设工程合同，依照法律规定应当履行批准手续或者登记手续的，当事人在达成建设工程合同变更协议后应到相应的部门办理批准、登记手续，否则，不发生变更建设工程合同的预期法律效果。例如，《建设工程质量管理条例》中规定施工图设计文件未经审查批准的，不得使用；《建设工程勘察设计管理条例》中规定建设工程勘察、设计文件内容需要作重大修改的，建设单位应当报经原审批机关批准后，方可修改。

3.5.2　建设工程合同变更的法律效力

建设工程合同变更的法律效力体现如下：

①当事人应当按照变更后的合同内容履行。建设工程合同变更后，已经变更的那部分合同内容发生法律效力，原有的这部分内容失去法律效力。

②建设工程合同变更只对建设工程合同未履行的部分发生法律效力，对已经履行的合同内容不发生法律效力。因此，合同当事人不得以建设工程合同发生了变更，而要求已履行的部分归于无效。

③建设工程合同变更不影响当事人请求赔偿损失的权利。合同变更前，因可归责于一方的原因给对方造成损害的，受损害的一方有权要求责任方承担赔偿责任，并不因建设工程合同变更而有影响。同时，合同变更本身给一方当事人造成损害的，责任方也应对此承担责任，不得以变更合同是双方当事人自愿而免责。但是，变更建设工程合同的协议已对受害人的损害给予处理的除外。

此外，当事人通过协商一致对建设工程合同内容进行变更时，变更协议的内容应当具体、明确，如果当事人对合同变更的内容约定不明确的，推定为未变更。

3.5.3　建设工程施工合同变更的管理

1）监理工程师发布工程变更指示的方法

监理工程师发布变更指令，一般都应该是书面变更指示形式，但下列情况例外：

①监理工程师认为发布口头变更指示已足够。

②承包人及时发出了要求监理工程师对口头变更指示给予书面确认的请求，监理工程师没有在规定时间内予以答复。承包人应该在规定时间内尽快致函监理工程师要求对口头指示予以书面确认。在接到承包人的来函后，如果监理工程师未在规定时间内书面确认，即便在没有给予答复的情况下也可以推定工程师已承认该变更指示。对此，承包商也应该致函监理工程师声明他的沉默已构成合同法律中认为对该指示的确认。

③属于原工程量清单中各工作项目的实际工程量增减,这种情况不需要监理工程师发布任何指示,只要按实际完成的工程量计量与支付即可。

2)建设工程施工合同变更的时间

从理论上讲,在合同的整个有效期间内都可以进行工程变更。但从实际合同管理工作来看,工程变更大多发生在施工合同签订以后、工程基本竣工之前。除非有特殊情况,在总监理工程师对整个工程颁发了工程竣工交接证书以后,一般不能再进行工程变更。

如果监理工程师根据合同规定发布了进行工程变更的书面指令,则不论承包人对此是否有异议,也不论监理方或业主答应给予付款的金额是否令承包人满意,承包人都必须无条件地执行此种指令。即使有意见,也只能一边进行变更工作,一边根据合同规定寻求索赔或仲裁解决。在争议处理期间,承包人有义务继续进行正常的工程施工,否则可能会构成承包人违约。

3)建设工程施工合同变更的范围

工程变更只能在原合同规定的工程范围内变动,不能引起工程性质的大变动,否则应重新订立合同,除非合同双方都同意将其作为原合同的变更。承包人认为某项变更已超出本合同的范围,或监理工程师变更指示的发布没有得到有效的授权时,可以拒绝进行变更工作,但承包人在作出这种判断时必须小心谨慎,因为如果提交仲裁,仲裁庭可能会对合同规定的监理工程师及业主的权利作出非常广泛的解释。

4)建设工程施工合同中的推定变更及处理

推定变更是指监理工程师虽没有按合同发布变更指令,但实际上要求承包人完成的工作已经与原合同不同或增加了额外的工作。推定变更可以通过监理工程师的行为来推定,一般要证明:原合同规定的施工要求;实际上承包人的工作已超出了合同要求;承包人的行为是按照监理工程师或其代表的要求进行的。这样便可证明为推定变更,承包人有权获得额外费用补偿。经常发生的推定变更主要有以下5种:

(1)业主要求的修改与变动

在施工过程中,如果业主对技术规范进行修改与变动,又没按合同规定程序办理变更通知,可看作推定变更。或者是新近颁布了技术规范或施工管理规定,对原合同要求标准提高,也可归属于"业主要求的修改",推定为变更。据此,承包人可提出索赔要求。

(2)监理工程师的不适当拒绝

监理工程师的不适当拒绝表现为以下两个方面:一方面是监理工程师认为承包人用于工程上的材料或施工方法等不符合技术规范的要求,从而拒绝该方法或材料,可事后又证明监理工程师的认识是错误的。这种不适当的拒绝则构成了推定变更。若因此而使承包人花费额外款项,则承包人有权索赔并得到补偿。另一方面是承包人在施工过程中,若监理工程师发现承包人的施工缺陷后,没有在规定的合理时间内拒绝该工作,也可以认为监理工程师已默许并改变了原来的工程质量要求,这也构成推定变更。若后来监理工程师又拒绝接受该工作,就属于不适当拒绝。因此造成承包人不得不进行的缺陷修复或返工,可认为是因推定变更而引起,承包人可要求额外费用补偿。

> 推定:当事人虽无明确的新的意思表示,但是其行为本身足以表明与其原先的意思表示发生了变更。

（3）干扰和影响正常的施工程序

如果业主或监理工程师的行为实质上影响了承包人的正常施工程序，就构成推定变更。由此产生的干扰会给承包人造成生产效率降低、增加工程成本，即会使承包人不能按计划进行施工，导致停工、人员和机械设备闲置以及其他额外费用等问题。因此，承包人有权提出索赔并得到相应的补偿。

（4）图纸与技术规范中的缺陷

由业主方提供的技术规范和图纸，应由业主承担责任。承包人按技术规范和图纸进行施工，如果出现了缺陷，则属于业主的失误和责任。从理论上讲，为了保护承包人的正当利益，提供技术规范和图纸方的业主一般被认为是提供了默示担保，即如果承包人遵守该技术规范，工程就能够达到合同的预定目标要求。即便是建成的工程不能令人满意，承包人也没有责任。如果是因技术规范和图纸有缺陷，则承包人有权向业主索赔由此而增加的额外成本费用。

（5）按技术规范和图纸工作已不可能

这种情况是指合同所要求的工作根本无法实现，即实际工作上的不可能；或者是合同所要求的工作不能在合理的时间、成本或努力之内完成，即专业上的不可行。承包人要以工作实施的不可能为由得到补偿比较困难，况且在下列几种情况下承包人应自己承担风险：如签订合同时已能预料到工作实施不可能；或仅涉及的施工规范或者图纸及技术规范等是由承包人自己提供的；或合同中有明文条款规定承包人应承担这种风险。如果承包人要对工作实施的不可能进行索赔补偿，必须设法证明：从法律和工程意义上看技术规范所要求的工作是不可行的，并且是在签合同时承包人完全不知道或无法合理预料到的，这种风险应该由业主承担。

3.6 违反建设工程合同的法律责任

3.6.1 法律责任的含义

法律责任有广义与狭义之分。广义的法律责任是指任何组织和个人都有遵守法律的义务，都应当自觉地维护法律的尊严，此时的法律责任与法律义务同义。狭义的法律责任专指违法者对自己实施的违法行为必须承担的带有强制性的责任。本章讨论的是狭义的法律责任。此外，建设工程合同领域中不仅涉及民事责任，在一定条件下当事人还需承担行政责任及刑事责任。例如，承包人超越本单位资质等级承揽工程，或者未取得资质证书承揽工程，有违法所得的，应当接受没收违法所得的行政处罚；施工企业的管理人员违章指挥、强令职工冒险作业，发生重大伤亡事故或者造成其他严重后果的，应当依法追究刑事责任。但是，违反合同的法律责任往往是由民法加以规定，因此在没有特别注明的情况下，违反合同的法律责任专指民事责任，包括违约责任、缔约过失责任以及后合同责任。

广义的法律责任又被称为第一性义务；狭义的法律责任又被称为第二性义务。

3.6.2 违约责任

1)违约责任的概念及特征

当事人不履行合同义务或者履行义务不符合约定而应承担的民事责任,统称为违反合同的违约责任。其特征为:

①违约责任是一种财产责任。违约责任作为财产责任,其本质意义不在于对违约方的制裁,而在于对守约方的补偿,由违约方负担违约成本。

②违约责任产生于有效合同。只有有效的建设工程合同,才在合同当事人之间产生法律所承认和保护的权利与义务,此时如果不履行合同义务或履行不当,才可能产生违约责任。对于无效或者未成立、被撤销的建设工程合同,合同当事人所约定的权利义务不为法律所承认与保护,合同不产生预期的法律效力,因此也不存在违约责任问题。

③违约责任体现了合同的效力。合同的效力首先体现为履行效力,为了保障履行效力,法律设立了违约责任制度。没有违约责任,合同的效力也就无从体现,合同也就无法律上的约束力。

④违约责任有一定的任意性。合同当事人可以在合同中约定承担违约责任的方式与幅度。但是,这种约定必须在法律允许的范围内,否则人民法院或仲裁机构可以依法予以调整。

⑤违约责任的主体是合同当事人。非合同当事人未参与合同法律关系,不享有合同中的权利与义务,因此不能成为违约责任的主体,但涉及第三人利益的合同除外。

2)违约责任的构成要件

(1)违约行为

违约行为是当事人违反合同义务的客观表现,包括作为和不作为。"合同义务"既包括合同约定当事人应负的义务,也包括法律直接规定的合同当事人必须遵守的义务,还包括根据法律原则和精神的要求,合同当事人必须遵守的义务。违约行为可以分为履行不能、迟延履行、不适当履行、部分不履行等形态。

(2)损害事实

损害事实是指违约方的违约行为给守约方当事人造成了财产上的损害和其他不利的后果。事实上,只要存在违约行为,守约方的合同权利就无法实现或者不能全部实现,其损失即已发生。在违约方支付违约金的情况下,不必考虑守约方是否真的受到损害及损害的大小;而在承担赔偿损失的情况下,则必须考虑当事人所受到的实际损害。

(3)因果关系

因果关系是指违约事实由违约行为引起。违约方承担的赔偿责任只限于因其违约行为而给守约方造成的损失,这些损失包括直接损失和间接损失。

3)违约责任的归责原则

归责原则是指基于一定的归责事由而确定责任是否成立的法律原则。总的来讲,我国现行《民法典》合同编体现了严格责任归责原则,即只要行为人实施了违约行为,不问其主观是否有过错,均需承担违约责任。除非具备法定免责事由,否则违约方原则上不能通过证明自己没有过错从而主张责任不成立。但是,在有关风险分配、双方违约等情形中,仍然存在过错责任原则的影响。

4)承担违约责任的方式

（1）继续履行

违约方未履行合同义务的,守约方可以要求其继续履行,但有下列情形之一的除外:其一,法律上或者事实上不能履行;其二,标的不适于强制履行或者履行费用过高;其三,守约方在合理期限内未请求履行。在违约情形发生后,合同是否继续履行完全取决于守约方的意志,即既可以选择要求违约方继续履行,也可以选择其他方式进行补救。

> 继续履行与损害赔偿是可以并用的。

（2）采取补救措施

守约方可以要求违约方以采取补救措施的形式承担违约责任。对违约责任没有约定或者约定不明确,依照《民法典》第五百一十条的规定仍不能确定的,根据标的的性质以及损失的大小,守约方可以合理选择请求对方承担修理、重作、更换、退货、减少价款或者报酬等违约责任。

（3）赔偿损失

违约方不履行合同义务或者履行合同义务不符合约定的,在履行义务或者采取补救措施后,守约方还有其他损失的,违约方应当赔偿损失。损失赔偿额包括合同履行后守约方可以获得的利益,但是不得超过违约方订立合同时预见到或者应当预见到的因违反合同可能造成的损失。

（4）违约金

违约金是指当事人约定或者法律规定的,在一方当事人不履行或不完全履行合同义务时,向对方当事人支付的一定数额的金钱,也可以表现为一定数额的财物。约定的违约金低于造成的损失的,当事人可以请求人民法院或者仲裁机构予以增加;约定的违约金过分高于造成的损失的,当事人可以请求人民法院或者仲裁机构予以适当减少。

> 违约方在宽限期内履行完毕的,守约方仍可要求其承担损害赔偿责任。

依据《民法典》第八百零七条的规定,发包人未按照约定支付价款的,承包人可以催告发包人在合理期限内支付价款。发包人逾期不支付的,除根据建设工程的性质不宜折价、拍卖外,承包人可以与发包人协议将该工程折价,也可以请求人民法院将该工程依法拍卖。建设工程的价款就该工程折价或者拍卖的价款优先受偿。此即所谓建设工程价款优先受偿权。值得注意的是,承包人行使此项权利应当以建设工程质量合格为前提,并且应当在合理期限内行使,最长不得超过18个月,自发包人应当给付建设工程价款之日起算。

5)违约责任的免除

在法律有明文规定或当事人有约定且这种约定不与法律法规相冲突的情形下,允许不履行合同或不完全履行合同而不承担违约责任。这些情形包括:不可抗力;货物本身的自然性质或货物合理的损耗;对方当事人的原因;约定免除。

6)后合同义务与后合同责任的处理

后合同义务是指合同的权利义务终止后,遵循诚实信用原则,根据交易习惯,合同当事人应当履行的通知、协助、保密等义务。对后合同义务的违反,应当承担后合同违约责任。我国《民法典》没有对后合同违约责任做出明确规定,我们认为仍应按照合同违约责任处理,但是在构成要件上应当要求行为人在主观上具有过失为宜。

3.6.3 缔约过失责任

1)缔约过失责任的概念及特征

缔约过失责任是指合同当事人因过失或故意致使合同未成立、被撤销或无效而应承担的民事责任。缔约过失责任和违约责任都是违反义务的结果,但是,缔约过失责任是违反先合同义务的结果,违约责任则是违反合同义务的结果。先合同义务是法定义务,是双方当事人为签订合同进行接触磋商而产生的互相协助、互相通知、诚实信用等义务,合同义务则是约定义务;缔约过失责任发生在缔约过程中,违约责任则产生于已经有效成立的合同。缔约过失责任具有如下法律特征:缔约过失责任发生在建设工程合同订立过程中;一方违背其依诚实信用原则所应负的义务;造成他人信赖利益的损失。

> 违约责任的前提:合同成立且有效;缔约过失责任的前提:合同未成立、无效或被撤销。

2)缔约过失行为

一方缔约人违反先合同义务的行为即缔约过失行为,其侵害的对象是信赖利益。只有在信赖人遭受信赖利益损失,且此种损失与缔约过失行为有因果关系的情况下,信赖人才能基于对方缔约上的过失而请求损害赔偿。缔约过失行为具体表现为:擅自变更、撤回要约;违反意向协议;在缔约时未尽必要注意义务;违反保密义务;违反保证合同真实性义务;违反法律、法规中强制性规范的行为;违反变更、解除合同规则的行为;无权代理行为等。

> 缔约过失行为违反的是法定义务,而不是约定义务。

3)缔约过失责任归责原则

缔约过失责任的归责原则为过错责任原则,即缔约人因过错致使合同无效、被撤销、未成立时才承担责任。

4)缔约过失责任的承担

(1)承担缔约过失责任的主体

承担缔约过失责任的主体只能是缔约人,即拟订立合同的双方当事人。但是,在无权代理、滥用代理权的情况下,无权代理人、滥用代理权人可以构成缔约过失责任;在租用或借用营业执照、公章的情况下,出租人(出借人)与承租人(借用人)承担连带缔约过失责任;在中介人与一方缔约人恶意串通的情况下,双方应当承担连带缔约过失责任。

(2)承担缔约过失责任的方式和范围

承担缔约过失责任的方式主要为赔偿损失,此损失为信赖利益的损失。信赖利益损失包括直接损失和间接损失。直接损失包括:缔约费用,如通信费用、赴订约地或察看标的物所支出的合理费用;为准备运送标的物或受领对方给付所支出的合理费用;上述费用所产生的利息。间接损失为丧失与第三人另订合同的机会所产生的损失等。

因缔约过失行为致使合同被认定为未成立、被撤销或无效时,可能会发生恢复原

> 没有损失就无缔约过失责任。

状、返还财产的问题,因此而增加的费用均应由过错方承担。如果双方都有过错的,应根据过错大小各自承担相应损失。

【延伸阅读】

挂靠与内部承包

建筑市场实行严格的准入制度,一些没有建筑资质的工程队或者个人采取向具备资质的建筑公司交纳管理费的方式,以建筑公司的名义承接工程,业内称其为"挂靠"。内部承包,是指建筑企业与其内部的项目部签订"企业内部承包经营协议",约定项目部以企业名义对外承包工程,项目部向企业缴纳一定的"管理费"或者"承包费",由项目部负责履行与发包方签订的工程承包合同,自负盈亏。

挂靠与内部承包在外形上存在类似或相同之处,如都采取下属施工队或项目部承包的形式,内部承包人或挂靠人都要交纳一定的管理费。但挂靠行为属法律明文禁止,内部承包却是法律允许的。我国《建筑法》第二十六条规定,禁止建筑施工企业以任何形式允许其他单位或者个人使用本企业的资质证书、营业执照,以本企业的名义承揽工程。

严格的市场准入制度维护了建筑市场的安全秩序,但市场经济的趋利性使得挂靠不可避免。实践中区分挂靠与内部承包成为众多争讼的焦点。对此,不少学者提出建议,为促进建筑市场的发展,维持社会经济秩序稳定,在挂靠和内部承包的区分认定上宜从宽把握。只要建筑企业能采取措施,分派有关人员直接参与工程施工,对外直接向发包人承担合同上的权利和义务,就应认定为内部承包,给予其合法地位。这样既保证了工程安全与质量,也扩大了行业竞争,利于形成良性循环。当然,要想达到这一预期,一方面需要强化建设行政主管部门的职能管理,另一方面也要加强建筑企业的行业自律。

【案例分析 1】

"谁主张,谁举证"规则

2009 年 7 月 25 日,新天公司与南楚公司签订一份合同,约定由南楚公司承建某污水处理厂管网工程,质量保修期为 2 年。2010 年 11 月工程完工并交付给新天公司。2012 年 4 月 3 日至 2013 年 8 月 11 日,案涉管网发生 6 起管道破损事故。事故发生后,新天公司致函南楚公司要求维修。但是,南楚公司认为该事故不是建设工程质量问题,是新天公司更改管道材料所造成,故未对 6 次事故进行维修。新天公司自行维修花费了 155 951 元。2013 年 11 月 18 日,新天公司诉至法院,要求南楚公司赔偿新天公司经济损失 101.22 万元。

法院审理后认为,按照我国《民事诉讼法》关于"当事人对自己提出的主张,有责任提供证据"的规定,新天公司提交的所有证据仅能证明事故发生后该公司通知南楚公司进行抢修,并不能证明本次事故是质量事故,也不能证明所发生的 6 次事故是因南楚公司未按约施工所导致,新天公司对自己的主张应承担举证不利的后果。因此,对新天公司要求南楚公司赔偿经济损失 101.22 万元的诉讼请求不予支持。①

---

① 参见咸宁市中级人民法院〔2015〕鄂咸宁中民终字第 754 号民事判决书。

【案例分析 2】

可得利益的主张与计算

2013 年 8 月 26 日,斯普莱公司与泽芸公司签订了一份合同,约定斯普莱公司将某综合污水处理站臭气处理工程发包给泽芸公司施工。2014 年 3 月 26 日,斯普莱公司致函泽芸公司,要求终止合同履行。2014 年 5 月 5 日,泽芸公司诉至法院,要求斯普莱公司支付剩余工程款、赔偿停工损失以及因斯普莱公司违约导致合同终止履行所产生的违约金 85 万元。

法院审理后认为,导致合同解除系斯普莱公司单方违约所致。《合同法》第一百一十三条规定:"当事人一方不履行合同义务或者履行合同义务不符合约定,给对方造成损失的,损失赔偿额应当相当于因违约所造成的损失,包括合同履行后可以获得的利益,但不得超过违反合同一方订立合同时预见到或者应当预见到的因违反合同可能造成的损失。"(《民法典》第五百八十四条也作了同样规定)因此,斯普莱公司单方解除合同致使泽芸公司无法取得合同履行后应获得的可得利益,应当承担赔偿损失的违约责任。可得利益损失计算标准应当以合同标的 850 万元,减去已完成的工程量造价及进场未安装的管道支架、膜材款后,差额乘以报价单确定的 5% 利润。通过计算,泽芸公司可得利益损失为 157 850.1 元,法院判决予以支持。[①]

简短回顾

建设工程合同是承包人依约定完成建设工程,发包人按约定验收工程并支付酬金的合同。由于建设工程具有投资大、周期长、质量要求高、技术涉及面宽、影响国计民生等特点,因此,与一般合同相比,建设工程合同从内容到形式、从订立到履行均有其特殊性。建设工程合同的订立应遵循平等、自愿、公平、合法和诚实信用的原则。已经订立的建设工程合同因其具体内容的不同,对当事人产生不同的约束力。若当事人不履行建设工程合同或者履行建设工程合同不符合法定条件,则应承担相应的违约责任。

复习思考

3.1　建设工程合同订立的基本原则有哪些?

3.2　建设工程合同成立的一般要件是什么?

3.3　有效的建设工程合同应该具备哪些要件?

3.4　如何认定建设工程合同无效?

3.5　哪些情况下建设工程合同可以被撤销?

3.6　同时履行抗辩权与先履行抗辩权的区别是什么?

3.7　变更建设工程合同应当符合哪些条件?

3.8　哪些情况下须承担建设工程合同的违约责任?

---

① 参见江苏省高级人民法院〔2016〕苏民终 912 号民事判决书。

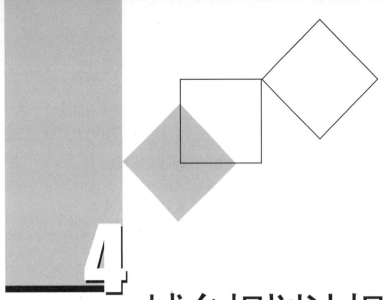

4 城乡规划法规

本章导读：

    李某租用××镇凤凰村村民居××的承包土地，并在未依法取得建设工程规划许可证的情况下，在该土地上建造厂房 784 m²。为此，××镇人民政府向李某作出《责令停止违法建设行为通知书》和《限期拆除违法建筑通知书》。随后，××镇人民政府与该县住建局签订了一份行政执法委托书，委托住建局对李某违法建设行为进行行政执法。李某遂表示愿意自行拆除并向住建局出具承诺书一份。后因李某未在承诺期限内自行拆除，××镇人民政府组织人员强制拆除了该厂房。李某不服，起诉至人民法院。本案中，建设工程规划许可证的作用是什么？李某的行为将面临怎样的法律责任？××镇人民政府与该县住建局之间签订的行政执法委托书是否具有法律效力？如果××镇人民政府没有严格按照法律规定的程序和设定的权限行使其职权，将面临怎样的法律责任？如果您对这些问题感到疑惑，相信能够从本章学习中寻找到答案。

4.1 城乡规划法规概述

4.1.1 城乡规划的含义

    城乡规划是指政府对一定时期内城市、镇、乡、村庄的建设布局、土地利用以及经济和社会发展有关事项的总体安排和实施措施，是政府指导和调控城乡建设发展的基本手段之一。

    城乡规划一词最早出现在我国法律中，始于 2008 年 1 月 1 日起实施的《城乡规划法》。而此前只有《城市规划法》所称的城市规划,以及《村庄和集镇规划建设管理条例》所称的村庄规划和集镇规划。《城市规划法》和《村庄和集镇规划建设管理条例》(俗称"一法一条例")在我国城镇化进程中发挥了重要作用。但是,随着我国经济与社会的快速发展,"一法一条例"也逐渐显现出一些问题,严重制约了城镇化进程。为此,制定一部城乡统一适用的规划法律显得十分紧迫,2007年10月28日第十届全国人民代表大会常务委员会通过的《城乡规划法》便是在这样的背景下出台的,该法于2015年4月24日和2019年4月23日进行了修正。

4.1.2　城乡规划的种类

由上所述,我们现在常说的城乡规划不是指一部独立的规划,而是包括城镇体系规划、城市规划、镇规划、乡规划和村庄规划在内的集合体。城市规划、镇规划又分为总体规划和详细规划,而详细规划又分为控制性详细规划和修建性详细规划。

> 城乡规划不是一部独立的规划。

1)城镇体系规划

所谓城镇体系规划,是指一定地域范围内,以区域生产力合理布局和城镇职能分工为依据,确定不同人口规模等级和职能分工的城镇的分布和发展规划。

2)城市规划

所谓城市规划,是指对一定时期内城市的经济和社会发展、土地利用、空间布局,以及各项建设的综合部署、具体安排和实施措施。

3)城市总体规划

所谓城市总体规划,是指对一定时期内城市的性质、发展目标、发展规模、土地利用、空间布局,以及各项建设的综合部署、具体安排和实施措施,是引导和调控城市建设,保护和管理城市空间资源的重要依据和手段。

4)城市详细规划

所谓城市详细规划,是指以城市的总体规划为依据,对一定时期内城市的局部地区的土地利用、空间布局和建设用地所作的具体安排和设计。

5)城市控制性详细规划

所谓城市控制性详细规划,是指以城市的总体规划为依据,确定城市建设地区的土地使用性质和使用强度的控制指标、道路和工程管线控制性位置以及空间环境控制的规划要求。

6)城市修建性详细规划

所谓城市修建性详细规划,是指以城市的总体规划或控制性详细规划为依据,制定用以指导城市各项建筑和工程设施及其施工的规划设计。

7)镇规划

镇不仅是连接城乡的桥梁和纽带,也是我国城乡居民点体系的重要组成部分。与城市规划相同的是,镇规划也可以分为镇总体规划和镇详细规划,镇详细规划又可以分为镇控制性详细规划和镇修建性详细规划。与城市规划不同的是,镇规划的对象不是城市,而是镇。

8) 乡规划、村庄规划

所谓乡规划、村庄规划,分别是指一定时期内乡、村庄的经济和社会发展、土地利用、空间布局,以及各项建设的综合部署、具体安排和实施措施。由于乡规划、村庄规划范围较小、建设活动形式单一,因此不再作总体规划和详细规划的分类。

4.1.3 制定和实施城乡规划的原则

城乡统筹
⇩
合理布局
⇩
节约土地
⇩
先规划后建设

1) 城乡统筹原则

城乡统筹原则是制定和实施城乡规划的首要原则。在制定和实施城乡规划的过程中,必须综合考虑城市、镇、乡和村庄发展的需要,合理配置各种基础设施和公共服务,促进城乡居民均衡地享受公共服务,促进城乡、区域协调互动发展机制的形成。

2) 合理布局原则

合理布局原则要求在制定和实施城乡规划的过程中,应注意空间资源的优化配置以及公平利用,注重保持地方特色、民族特色和传统风貌,特别是在发展布局、功能分区、用地布局方面要合理安排,从而促进城市、镇、乡和村庄的健康有序发展。

3) 节约土地原则

节约土地原则是指在制定和实施城乡规划的过程中,必须充分考虑到我国人多地少的基本国情,始终把节约和集约利用每一寸土地,依法严格保护耕地,促进资源、能源节约和综合利用作为城乡规划制定与实施的重要目标,做到合理规划用地,提高土地利用效益。

4) 先规划后建设原则

在制定和实施城乡规划的过程中,必须时刻遵循先规划后建设的原则。即要求各级人民政府必须将辖区内所有的土地都纳入规划的范畴,严格依照法定程序制定、审批和修改规划,同时还应加强对已经被依法批准的规划实施监督管理,确保建设活动都在规划许可的范围内开展。

4.2 城乡规划的制定

4.2.1 城乡规划的编制

我国只存在全国城镇体系规划和省域城镇体系规划。

1) 城乡规划编制的权限

在我国,只存在全国和省域城镇体系规划。其中,全国城镇体系规划由国务院城乡规划主管部门会同国务院有关部门组织编制,省域城镇体系规划由省、自治区人民政府组织编制。

城市总体规划由城市人民政府组织编制。县人民政府所在地镇的总体规划由县人民政府组织编制,其他镇的总体规划由镇人民政府组织编制。

城市的控制性详细规划由城市人民政府城乡规划主管部门根据城市总体规划的要求组织编制。镇的控制性详细规划由镇人民政府根据镇总体规划的要求组织编制。

重要地块的修建性详细规划由市、县人民政府城乡规划主管部门和镇人民政府组织编制。

乡规划、村庄规划由乡、镇人民政府组织编制。

2)城乡规划编制的内容

省域城镇体系规划的内容主要包括:城镇空间布局和规模控制,重大基础设施的布局,为保护生态环境、资源等需要严格控制的区域。

城市总体规划、镇总体规划的内容主要包括:城市、镇的发展布局,功能分区,用地布局,综合交通体系,禁止、限制和适宜建设的地域范围,各类专项规划等。

乡规划、村庄规划的内容主要包括:规划区范围内住宅、道路、供水、排水、供电、垃圾收集、畜禽养殖场所等农村生产、生活服务设施,公益事业等各项建设的用地布局、建设要求,以及对耕地等自然资源和历史文化遗产保护、防灾减灾等的具体安排。乡规划还应当包括本行政区域内的村庄发展布局。

3)城乡规划编制的程序

城乡规划编制的程序主要包括委托、审议与讨论、公告、审批与备案4个阶段。

(1)委托

城乡规划的编制由城乡规划的组织编制机关委托具有相应资质等级的单位进行具体编制工作。

(2)审议与讨论

省域城镇体系规划、城市总体规划、镇总体规划,在报上一级人民政府审批前,应当先经本级人民代表大会常务委员会审议。

村庄规划在报送审批前,应当经村民会议或者村民代表会议讨论同意。

(3)公告

城乡规划报送审批前,组织编制机关应当依法将城乡规划草案予以公告,并采取论证会、听证会或者其他方式征求专家和公众的意见。公告的时间不得少于30日。

(4)审批与备案

城镇体系规划、城市总体规划、镇总体规划均需报相应的上一级人民政府审批并备案。

> 城乡规划编制的程序主要包括委托、审议与讨论、公告、审批与备案4个阶段。

4.2.2 城乡规划的审批与备案

1)城乡规划的审批

全国城镇体系规划由国务院城乡规划主管部门报国务院审批。省域城镇体系规划由国务院审批。

直辖市的城市总体规划由直辖市人民政府报国务院审批。省、自治区人民政府所在地的城市以及国务院确定的城市的总体规划,由省、自治区人民政府审查同意后,报国务院审批。其他城市的总体规划,由市人民政府报省、自治区人民政府审批。

县人民政府组织编制县人民政府所在地镇的总体规划,报上一级人民政府审批。其他镇的总体规划由镇人民政府组织编制,报上一级人民政府审批。

城市的控制性详细规划,由本级人民政府批准。镇的控制性详细规划,由县人民政府审批。

2) 城乡规划的备案

城市的控制性详细规划,经本级人民政府批准后,报本级人民代表大会常务委员会和上一级人民政府备案。

县人民政府所在地镇的控制性详细规划,经县人民政府批准后,报本级人民代表大会常务委员会和上一级人民政府备案。

4.3 城乡规划的实施

城乡规划主要是通过对建设活动的管理来实施的。

4.3.1 建设项目选址的规划管理

按照国家规定,需要有关部门批准或者核准的建设项目,以划拨方式提供国有土地使用权的,建设单位在报送有关部门批准或者核准前,应当向城乡规划主管部门申请核发选址意见书。建设项目选址意见书是建设项目在城市规划区进行选址和布局的依据。建设项目在可行性研究阶段必须附有城乡规划主管部门签署的选址意见,在报批设计任务时必须附有城乡规划主管部门核发的选址意见书。因此,选址意见书常被形象地比喻为建设项目的"落地生根证"。上述情形以外的建设项目并不需要申请选址意见书。

> 选址意见书被喻为建设项目的"落地生根证"。

4.3.2 建设用地的规划管理

根据不同的国有土地使用权性质,建设用地规划管理可以分为划拨土地的建设用地规划管理和出让土地的建设用地规划管理。

以划拨方式提供国有土地使用权的建设项目,经有关部门批准、核准、备案后,建设单位应当向市、县人民政府城乡规划主管部门提出建设用地规划许可申请,由市、县人民政府城乡规划主管部门依据控制性详细规划核定建设用地的位置、面积、允许建设的范围,核发建设用地规划许可证。

以出让方式取得国有土地使用权的建设项目,在签订国有土地使用权出让合同后,建设单位应当持建设项目的批准、核准、备案文件和国有土地使用权出让合同,向市、县人民政府城乡规划主管部门领取建设用地规划许可证。出让地块的位置、使用性质、开发强度等规划条件是国有土地使用权出让合同的组成部分,否则该国有土地使用权出让合同将面临无效的后果。

建设单位在取得建设用地规划许可证后,方可向县级以上地方人民政府土地主管部门申请用地,经县级以上人民政府审批后,由土地主管部门划拨土地。

4.3.3　建设工程的规划管理

在城市、镇规划区内进行建筑物、构筑物、道路、管线和其他工程建设的,建设单位或者个人应当向市、县人民政府城乡规划主管部门或者省、自治区、直辖市人民政府确定的镇人民政府申请办理建设工程规划许可证。

申请办理建设工程规划许可证,应当提交使用土地的有关证明文件、建设工程设计方案等材料。需要建设单位编制修建性详细规划的建设项目,还应当提交修建性详细规划。对符合控制性详细规划和规划条件的,由市、县人民政府城乡规划主管部门,或者省、自治区、直辖市人民政府确定的镇人民政府核发建设工程规划许可证。

4.3.4　乡村建设的规划管理

在乡、村庄规划区内,进行乡镇企业、乡村公共设施和公益事业建设的,建设单位或者个人应当向乡、镇人民政府提出申请,由乡、镇人民政府报市、县人民政府城乡规划主管部门核发乡村建设规划许可证。在乡、村庄规划区内使用原有宅基地进行农村村民住宅建设的规划管理办法,由省、自治区、直辖市制定。

4.3.5　临时建设的规划管理

在城市、镇规划区内进行临时建设的,应当经市、县人民政府城乡规划主管部门批准。临时建设影响近期建设规划或者控制性详细规划的实施,以及影响交通、市容、安全等的,不得批准。临时建设和临时用地规划管理的具体办法,由省、自治区、直辖市人民政府制定。

4.4　城乡规划的修改

4.4.1　省域城镇体系规划、城市总体规划、镇总体规划的修改

1)修改的条件

具备下列情形之一的,可以修改省域城镇体系规划、城市总体规划和镇总体规划:

①上级人民政府制定的城乡规划发生变更,提出修改规划要求的。

②行政区划调整确需修改规划的。

③因国务院批准重大建设项目确需修改规划的。

④经评估确需修改规划的。

⑤城乡规划的审批机关认为应当修改规划的其他情形。

2) 修改的程序

规划的组织编制机关应当对原规划的实施情况进行总结,并向原审批机关报告;修改涉及城市总体规划、镇总体规划强制性内容的,应当先向原审批机关提出专题报告,经同意后方可编制修改方案。修改后的省域城镇体系规划、城市总体规划、镇总体规划,应当重新进行审议、公告和审批。

4.4.2　控制性详细规划的修改

修改控制性详细规划时,组织编制机关应当对修改的必要性进行论证,征求规划地段内利害关系人的意见,并向原审批机关提出专题报告,经原审批机关同意后,方可编制修改方案。修改后的控制性详细规划,应当重新进行审批和备案。

4.4.3　修建性详细规划的修改

经依法审定的修建性详细规划、建设工程设计方案的总平面图不得随意修改;确需修改的,城乡规划主管部门应当采取听证会等形式,听取利害关系人的意见。

4.4.4　乡规划、村庄规划的修改

修改乡规划、村庄规划的,应当重新进行审批。其中,村庄规划审批前还须经村民会议或者村民代表会议讨论同意。

4.4.5　近期建设规划的修改

市、县、镇人民政府修改近期建设规划的,应当将修改后的近期建设规划报总体规划审批机关备案。

4.4.6　规划修改的补偿

1) 发放"一书两证"后的规划修改

修改规划造成损失的,应该给予补偿。

在选址意见书、建设用地规划许可证、建设工程规划许可证或者乡村建设规划许可证发放后,因依法修改城乡规划给被许可人合法权益造成损失的,应当依法给予补偿。

2) 修建性详细规划、建设工程设计方案的总平面图的修改

经依法审定的修建性详细规划、建设工程设计方案的总平面图因修改给利害关系

人合法权益造成损失的,应当依法给予补偿。

4.5　城乡规划的监督检查与法律责任

4.5.1　城乡规划的监督检查

1)行政监督检查

县级以上人民政府及其城乡规划主管部门应当加强对城乡规划编制、审批、实施、修改的监督检查。为保障监督的顺利进行,县级以上人民政府城乡规划主管部门对城乡规划的实施情况进行监督检查时,有权采取以下措施:

①要求有关单位和人员提供与监督事项有关的文件、资料,并进行复制。

②要求有关单位和人员就监督事项涉及的问题作出解释和说明,并根据需要进入现场进行勘测。

③责令有关单位和人员停止违反有关城乡规划的法律、法规的行为。

2)人大的监督检查

地方各级人民政府应当向同级人民代表大会常务委员会或者乡、镇人民代表大会报告城乡规划的实施情况,并接受监督。

3)公众的监督

公众的监督体现在对监督检查情况和处理结果的查阅和监督。

4.5.2　违反城乡规划法的法律责任

违反城乡规划法规应当承担的法律责任主要有两类:一是针对行政主体的法律责任;二是针对行政相对人的法律责任。

(1)行政主体的法律责任

行政主体承担法律责任的情形主要包括:

①依法应当编制城乡规划而未组织编制,或者未按法定程序编制、审批、修改城乡规划的。

②委托不具有相应资质等级的单位编制城乡规划的。

③违法编制或实施城乡规划的。

行政主体承担的法律责任主要是:由上级人民政府责令改正,通报批评;对有关人民政府负责人和其他直接责任人员依法给予处分。

(2)行政相对人的法律责任

行政相对人承担法律责任的情形主要包括:

①城乡规划编制单位无资质、超越资质、违反编制标准进行城乡规划编制的。

②未取得建设工程规划许可证,或者未按照建设工程规划许可证的规定进行建设

的,以及未依法取得乡村建设规划许可证,或者未按照乡村建设规划许可证的规定进行建设的。

③违法进行临时建设的。

④建设单位未在建设工程竣工验收后6个月内向城乡规划主管部门报送有关竣工验收资料的。

行政相对人承担的法律责任主要包括:责令限期改正,责令停业整顿,降低资质等级或者吊销资质证书,罚款等。

【延伸阅读】

对《城乡规划法》的几点评析

在《城乡规划法》颁布之前,我国城乡规划呈现二元格局,即城市规划由《城市规划法》这部法律来调整,而村庄规划和集镇规划则由《村庄和集镇规划建设管理条例》这部行政法规来调整。实践证明,这种二元格局对我国规划事业的健康发展带来了诸多不便,要求打破这种二元格局的呼声也越来越高。《城乡规划法》的诞生标志着城乡规划法治进入了一个新的历史阶段。

《城乡规划法》的优点主要体现在以下几方面:其一,强调城乡统筹,强化监督职能,明确要求,落实政府责任。为此,《城乡规划法》不仅取消了《城市规划法》中的"城市新区开发和旧区改造"这一章,还新增加了"城乡规划的修改"和"监督检查"两个章节。其二,建立新的城乡规划体系,体现了一级政府、一级规划、一级权限的规划编制要求,明确规划的强制性内容,突出近期建设规划的地位,强调规划编制责任。其三,严格城乡规划修改程序,对城乡规划评估以及修改省域城镇体系规划、城市总体规划、镇总体规划、修改详细规划等都作出了详细规定。其四,加强对行政权力的监督制约,明确上级行政部门的监督、人民代表大会的监督以及全社会的公众监督。

当然,《城乡规划法》也并非完美无缺,其不足主要体现在以下几方面:其一,未规定违规设立各类开发区和城市新区的法律责任。违规设立各类开发区和城市新区这类现象在我国屡见不鲜,但是《城乡规划法》却并未规定由此可能产生的法律责任。其二,未规定乡规划、村庄规划的期限。《城乡规划法》规定了城市总体规划、镇总体规划的期限,却未对乡规划、村庄规划的期限做出规定,这给实际操作带来困难。其三,未规定强制拆除费用如何承担。尽管《城乡规划法》赋予了建设工程所在地县级以上政府可以责成有关部门采取查封施工现场、强制拆除等措施,但对强制拆除费用的承担问题却未作规定。

【案例分析】

对公然抢建、强建行为应依法予以制止

2011年4月19日,固原市人民政府发布《固原市区城市规划区内土地及房屋征收与补偿暂行办法》,该办法对违法占地、违法建造的建筑物、构筑物等作出规定。2011年5月19日,固原市国土资源局委托宁夏回族自治区遥感检测院对涉案地块进行了航拍,图像显示马仲梅等人在安康路南北两侧没有建筑物。2011年6月24日,宁夏回族自治区人民政府将涉案土地批准为国有建设用地。2012年5月25日的航拍图像显示马仲

梅等人建造了建筑物。2012年11月26日,固原市人民政府发出通知,对违法建设行为进行为期一年的专项整治,要求违法建设行为人自行拆除。2013年4月25至28日,固原市人民政府等六机关强制拆除了涉案违法建筑。2015年3月,马仲梅以固原市人民政府等六机关为被告向法院提起行政诉讼,请求确认强制拆除其房屋的行政行为违法。

法院审理后认为,我国《城乡规划法》第四十条规定:"在城市、镇规划区内进行建筑物、构筑物、道路、管线和其他工程建设的,建设单位或者个人应当向城市、县人民政府城乡规划主管部门或者省、自治区、直辖市人民政府确定的镇人民政府申请办理建设工程规划许可证"。第六十八条还规定:"城乡规划主管部门作出责令停止建设或者限期拆除的决定后,当事人不停止建设或者逾期不拆除的,建设工程所在地县级以上地方人民政府可以责成有关部门采取查封施工现场、强制拆除等措施"。故马仲梅以涉案强制拆除行为无事实依据、构成违法的申请再审理由不成立,对其诉讼请求不予支持。[①]

简短回顾

城乡规划不是指一部独立的规划,而是包括城镇体系规划、城市规划、镇规划、乡规划和村庄规划在内的集合体。城市规划、镇规划可分为总体规划和详细规划。详细规划又可分为控制性详细规划和修建性详细规划。在城乡规划的编制方面,我国不仅建立了十分严格的规划编制权限制度,而且还建立了严格的规划审批、公告以及备案制度。在城乡规划的实施方面,我国主要是通过对建设活动的管理来实现的。其中,建设项目选址的规划管理、建设用地的规划管理、建设工程的规划管理是重心。针对规划的不同,我国建立了严格的修改条件和修改程序,确立了对规划修改造成损失的补偿制度。我国城乡规划的监督检查主要分为行政监督检查、人大的监督检查以及公众的监督检查。针对行政主体和行政相对人的不同,我国对违反城乡规划的行为设立了不同的承担法律责任事由以及相应的法律责任。

复习思考

4.1 什么是城乡规划?

4.2 城乡规划的种类有哪些?

4.3 城乡规划的编制权限是如何划分的?

4.4 编制城乡规划有哪些程序?

4.5 城乡规划是如何实施的?

4.6 城市规划修改的条件是什么?

4.7 村庄规划修改的程序有哪些?

4.8 违反城乡规划法可能承担哪些法律责任?

[①] 参见最高人民法院(2016)最高法行申429号行政裁定书。

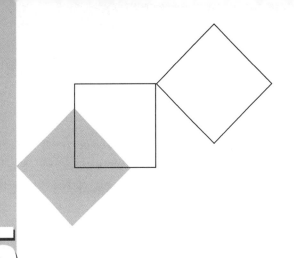

建设工程勘察设计法规

本章导读：

　　甲公司为修建一座厂房,委托乙公司进行勘察。乙公司接受委托后向甲公司出具了勘察报告,并就厂房的基础埋深、持力层承载力标准值和压缩模量等提出了建议值。甲公司按照此份勘察报告进行设计和施工,然而在施工过程中发生了垮塌事故。后查明,造成垮塌事故的主要原因是勘察报告中的建议值有严重错误,同时查明乙公司不具备此类项目的勘察资质。甲公司遂向法院提起诉讼,要求乙公司赔偿损失。法院应否支持甲公司的诉讼请求? 甲公司对事故的发生是否也负有责任? 对于勘察设计单位而言,资质具有什么重要作用? 勘察设计人员是否也应有资格要求? 勘察设计活动应该如何开展? 勘察设计活动应遵守哪些技术规范? 对这些问题,相信您能够从本章学习中寻找到答案。

5.1 建设工程勘察设计法规概述

5.1.1 建设工程勘察设计的含义

　　在建设工程中,我们常常听到勘察设计这个词,但实际上勘察和设计是两个不同的概念。建设工程勘察,是指通过具有勘察资质的单位对建设场地的地理环境特征和岩土工程条件的勘定和考察,以便决定能否在该建设场地上进行相应的建设活动。建设工程设计,是指由具有设计资质的单位对修建什么样的工程、怎么修建这些工程等进行计划和安排的活动。

5.1.2　建设工程勘察设计法规体系

我国现行的建设工程勘察设计法规体系主要由行政法规、地方性法规、规章以及规范性法律文件组成。在行政法规层面,国务院于 2000 年 9 月 25 日颁布了《建设工程勘察设计管理条例》,该条例于 2015 年 6 月 12 日和 2017 年 10 月 7 日进行了修订。在地方法规层面,浙江、重庆、广西等省、自治区、直辖市分别制定了各自的建设工程勘察设计管理条例。在规章层面,国务院建设行政主管部门制定了《建设工程勘察设计资质管理规定》《勘察设计注册土木工程师(道路工程)制度暂行规定》《铁路建设工程勘察设计管理办法》等行政规章。合肥市、郑州市等地分别制定了各自的建设工程勘察设计管理办法等地方规章。此外,重庆市城乡建设委员会、河南省住房和城乡建设厅、汕头市住房和城乡建设局等行政机关还制定了一些与建设工程勘察设计相关的规范性法律文件。

5.2　建设工程勘察设计资质与资格管理

5.2.1　工程勘察设计单位的资质管理

1)工程勘察单位的资质管理

工程勘察资质分为工程勘察综合资质、工程勘察专业资质、工程勘察劳务资质。工程勘察综合资质只设甲级,取得该资质的企业,可以承接各专业(海洋工程勘察除外)、各等级工程勘察业务。工程勘察专业资质设甲级、乙级,根据工程性质和技术特点,部分专业可以设丙级。取得该专业资质的企业,可以承接相应等级相应专业的工程勘察业务。工程勘察劳务资质不分等级,取得该资质的企业,可以承接岩土工程治理、工程钻探、凿井等工程勘察劳务业务。

> 工程勘察资质分为不同的序列,不同序列之下又分为不同的等级。

工程勘察单位资质的审批由建设行政主管部门负责。同时,需要注意的是:企业首次申请、增项申请工程勘察资质,其申请资质等级最高不超过乙级,且不考核企业工程勘察业绩。已具备施工资质的企业首次申请同类别或相近类别的工程勘察资质的,可以将相应规模的工程总承包业绩作为工程业绩予以申报,其申请资质等级最高不超过其现有施工资质等级。

2)工程设计单位的资质管理

工程设计资质分为工程设计综合资质、工程设计行业资质、工程设计专业资质和工程设计专项资质。工程设计综合资质只设甲级,取得该资质的企业,可以承接各行业、各等级的建设工程设计业务。工程设计行业资质、工程设计专业资质、工程设计专项资质均设甲、乙、丙三个级别。其中,取得工程设计行业资质的企业,可以承接相应行业相应等级的工程设计业务及本行业范围内同级别的相应专业、专项(设计施工一体化资质除外)工程设计业务;取得工程设计专业资质的企业,可以承接本专业相应等级的专业工程设计业务及同级别的相应专项工程设计业务(设计施工一体化资质除外);取得工

> 工程设计的资质也分为不同的序列,不同的序列之下同样也分为不同的等级。

程设计专项资质的企业,可以承接本专项相应等级的专项工程设计业务。此外,建筑工程设计专业资质还可以设丁级。

工程设计资质的审批与注意事项与工程勘察资质相同。

5.2.2　工程勘察设计从业人员的资格管理

1)工程勘察设计从业人员的资格管理

参照国际惯例,我国对工程勘察设计从业人员的资格管理,主要是通过注册执业资格制度来进行的。

（1）注册工程师

注册工程师,是指经考试取得中华人民共和国注册工程师资格证书,并按照规定注册,取得中华人民共和国注册工程师注册执业证书和执业印章,从事建设工程勘察、设计及有关业务活动的专业技术人员。按专业类别不同,我国将注册工程师分为土木、结构、公用设备、电气、机械、化工、电子工程、航天航空、农业、冶金等 17 个专业。目前,我国 17 个专业中的部分专业开展了注册工程师考试。注册工程师的注册证书和执业印章的有效期为 3 年。

（2）注册建筑师

注册建筑师,是指经全国统一考试合格后,依法登记注册,取得中华人民共和国一级注册建筑师证书或二级注册建筑师证书,在一个建筑单位内执行注册建筑师业务的人员。注册建筑师的注册证书和执业印章的有效期为 2 年。

（3）注册景观设计师

注册景观设计师主要从事风景园林设计、城市及小区景观设计和广场设计等。目前,我国的注册景观设计师制度还处于论证阶段,有些培训机构开展的所谓注册景观设计师培训只能获得国家劳动部颁发的《注册景观设计师职业资格证书》和中国建筑设计研究院颁发的《中国景观设计专业合格证书》,这与上述的注册工程师和注册建筑师有所不同。

2)勘察设计从业人员的执业管理

无论是注册工程师还是注册建筑师,取得执业资格只是进行执业的前提条件。取得资格证书的人员,应受聘并注册于一家具有建设工程勘察、设计资质的单位,方能从事建设工程勘察、设计执业活动。

注册工程师和注册建筑师享有在规定范围内从事执业活动,同时负有遵守法律、法规和有关管理规定等义务。一旦违反上述规定,将按情节轻重处以警告、罚款、没收违法所得、暂缓注册及撤销注册等处罚,直至追究刑事责任。

5.3　建设工程勘察设计的发包与承包

招投标也是建设工程勘察设计发包与承包的主要方式,鉴于第 2 章已对建设工程的招标投标进行了详细介绍,因此本节仅就其特殊之处予以说明。

执业资格证书是执业活动的通行证。

5.3.1　建设工程勘察设计的发包

在我国,建设工程勘察设计的发包以招标发包为原则,直接发包为例外。根据《建设工程勘察设计管理条例》《工程建设项目勘察设计招标投标办法》等法规的规定,经过主管机关的批准,以下几类建设工程可以直接发包:a.采用特定的专利或者专有技术的;b.建筑艺术造型有特殊要求的;c.国务院规定的其他建设工程的勘察、设计;d.涉及国家安全、国家秘密的;e.抢险救灾的;f.主要工艺、技术采用特定专利或者专有技术的;g.技术复杂或专业性强,能够满足条件的勘察设计单位少于3家,不能形成有效竞争的;h.已建成项目需要改、扩建或者技术改造,由其他单位进行设计会影响项目功能配套性的。

可以直接发包的建设工程主要是有特殊要求的或者要求较高的工程。

发包方可以将整个建设工程的勘察、设计发包给一个勘察、设计单位;也可以将建设工程的勘察、设计分别发包给几个勘察、设计单位。

5.3.2　建设工程勘察设计的承包

承包方必须在建设工程勘察、设计资质证书规定的资质等级和业务范围内承揽建设工程的勘察、设计业务。除建设工程主体部分的勘察、设计外,经发包方书面同意,承包方可以将建设工程其他部分的勘察、设计再分包给其他具有相应资质等级的建设工程勘察、设计单位。建设工程勘察、设计单位不得将所承揽的建设工程勘察、设计转包。

5.4　建设工程勘察设计标准

5.4.1　建设工程勘察设计标准的分类

工程建设是一项复杂的系统工程,不同的项目对勘察设计标准的要求也不同,因此从不同的角度可以对建设工程勘察设计标准作出不同的分类。

依据《标准化法》的规定,根据制定标准的主体不同,建设工程勘察设计标准分为国家标准、行业标准、地方标准和企业标准。

根据标准的属性来分,建设工程勘察设计标准可分为强制性标准和推荐性标准。

在通常情况下,国家标准和强制性标准必须遵守,而地方标准、行业标准、推荐性标准可参照执行。

根据勘察对象的不同,建设工程勘察设计标准可以分为供水水文地质勘察标准,城市规划工程地质勘察标准,市政工程勘察标准,岩土工程勘察标准,地下铁道、轻轨交通岩土工程勘察标准,高层建筑岩土工程勘察标准,冻土工程地质勘察标准,软土地区工程地质勘察标准等。

根据设计对象的不同,建设工程勘察设计标准可以分为岩土设计标准、建筑设计标准、公路桥梁设计标准、水利工程设计标准、电气设计标准、城市道路照明设计标准、公共建筑节能设计标准、建筑抗震设计标准等。

5.4.2 建设工程勘察设计标准的制定与实施

1) 建设工程勘察设计标准的制定

国家标准是指为了在全国范围统一技术要求和国家需要控制的技术要求所制定的标准。国家标准由国务院建设行政主管部门负责制订计划、组织草拟、审查批准,由国务院标准化行政主管部门和国务院建设行政主管部门联合发布。

行业标准是指对没有国家标准,而又需要在全国某个行业范围内统一技术要求所制定的标准。行业标准由建设行政主管部门负责本行业标准的制订计划、组织草拟、审查批准和发布。

地方标准是指没有国家标准、行业标准,而又需要在某个地区范围内统一技术要求所制定的标准。地方标准由各地的建设行政主管部门根据当地的气象、地质、资源等特殊情况的技术要求制定。

企业标准是指没有国家标准、行业标准、地方标准,而企业为了组织生产需要,在企业内部统一技术要求所制定的标准。企业标准是企业自己制订的,只适用于企业内部,作为本企业组织生产的依据,而不能作为合法交货、验收的依据。

此外,强制性标准是指在建设工程勘察设计过程中必须遵守的标准。推荐性标准是指在建设工程勘察设计过程中鼓励采用的标准。由于国家标准、行业标准分强制性标准和推荐性标准,因此上述标准的制定都应遵照国家标准或行业标准的制定方式进行。

2) 建设工程勘察设计标准的实施

凡是从事建设工程勘察的部门、单位和个人,必须严格执行强制性标准。对于不符合强制性标准的工程,从项目建议书开始不予立项,可行性研究报告不予审批。不按强制性标准规范施工,质量达不到合格标准的工程不得验收。国务院各行政主管部门制定建设工程勘察设计行业标准时,不得擅自更改强制性国家标准。

建设工程的勘察、规划、设计、科研和施工单位必须加强工程建设标准化管理,对工程建设标准的实施进行经常性检查,并按隶属关系向上级建设行政主管部门报告标准的实施情况,各级建设行政主管部门应当对所属企业单位进行实施标准的监督管理。

工程质量监督机构和安全机构,应当根据现行的建设工程勘察设计强制性标准,对工程建设质量和安全进行监督。

对于推荐性标准,需要由工程建设单位与建设工程勘察设计单位在签订工程承包合同中予以确认,因此该标准的实施通常由建设单位委托的监理单位或其他单位以工程合同为依据进行。

5.5 建设工程勘察设计文件的编制和审批

5.5.1 建设工程勘察设计文件的编制

1）建设工程勘察设计文件编制的基本要求

建设工程勘察设计文件编制的好坏直接决定着工程设计的质量和水平。其基本要求主要包括：贯彻经济、社会发展规划，产业政策，城乡规划的要求；综合利用各种自然资源，满足环境保护要求；采用新技术、新工艺、新材料、新设备；注意建设工程的美观性、实用性和协调性。

2）建设工程勘察设计文件编制的程序

（1）建设工程勘察设计文件的编制

建设工程勘察设计单位应在对工程现场的地形、地质、水文和周边环境进行测绘、勘探、试验的基础上，以真实、准确为原则进行建设工程勘察设计文件的编制。

（2）建设工程勘察设计文件的审批

建设工程勘察设计单位完成勘察设计文件的编制后必须得到有关部门的审批后才能实施。勘察设计文件一经批准，将作为工程建设的主要依据，不得任意修改。确需修改建设工程勘察、设计文件的，可由原建设工程勘察、设计单位修改，也可经原建设工程勘察、设计单位书面同意，由建设单位委托其他具有相应资质的建设工程勘察、设计单位修改。

> 审批是编制勘察设计文件必经的环节。

3）建设工程勘察设计文件编制的内容及深度

（1）勘察文件编制阶段

勘察文件主要指岩土工程勘察报告及相关的专题报告，勘察文件的编制应按不同勘察阶段的目的和要求进行。

勘察报告一般由文字部分和图表组成。岩土工程勘察报告文字部分应包括拟建工程概况，勘察目的、任务要求和依据的技术标准，场地地形、地貌、地质构造等 21 项内容。勘察报告应附建筑物和勘探点平面位置图、工程地质剖面图、原位测试成果图等图表。

（2）方案设计文件编制阶段

方案设计文件根据设计任务书进行编制，由设计说明书、设计图纸、投资估算、透视图四部分组成。

编制方案设计文件时，在总平面、建筑、结构、给水排水、电气、弱电等方面都需要编制设计说明书，而不同的方面对设计深度的要求并不相同。如在总平面中，设计说明书应对总体方案的构思作详尽的文字阐述，并应列出技术经济指标表，如总用地面积，总建筑面积，建筑占地面积，各主要建筑物的名称、层数、高度等。

设计图纸主要用于总平面和建筑方面。在总平面中,设计图纸的内容主要包括用地范围的区域位置,用地红线范围(各角点测量坐标值、场地现状标高、地形地貌及其他现状情况反映)等。在建筑方面,设计图纸应包括平面图、立面图、剖面图,其中各个图的深度要求也不相同,如在立面图中,根据立面造型特点,选绘有代表性的和主要的立面,并表明立面的方位、主要标高以及与其他(原有)建筑有直接关系的部分立面。

投资估算文件包括投资估算的编制说明及投资估算表。投资估算编制说明的内容应包括编制依据,不包括的工程项目和费用以及其他必要说明的问题。投资估算表是由各单位工程(如土建、水卫、暖通、空调、电气等)为基本组成基数的投资估算,综合成单项工程的投资估算和室外工程(如土方、道路、围墙大门、室外管线等)投资估算,并考虑预备费后,汇总成建设项目的总投资表。

透视图或鸟瞰图视需要而定。设计方案一般应有一个外立面透视图或鸟瞰图。

(3)初步设计编制阶段

初步设计文件一般由文字说明和图纸两部分组成,其内容包括:设计依据和指导思想、产品方案、各类资源的用量及来源、工艺流程、主要设备选型和配置、总图布置及运输方案、主要建筑物和构筑物、公用工程和辅助设施、新技术采用情况、主要材料用量、总概算等。其深度应满足设计方案的比较和确定、主要设备和材料的订货、土地的征用、基本建设投资控制、施工图设计、施工组织设计的编制、施工和生产的准备等要求。

(4)施工图设计编制阶段

施工图设计应根据经批准的初步设计文件进行编制。其深度应满足设备、材料的安排和非标准设备的制作,施工图预算的编制,施工等要求。

5.5.2 建设工程勘察设计文件的审批

我国对建设项目勘察设计文件的审批实行分级管理、分级审批的原则。

1)建设工程勘察文件的审批

①国家发展和改革委员会(原国家计委)组织审批重大建设项目的初步设计文件时,审查相应的勘察技术成果,负责大中型建设项目中需委托外商勘察的必要性和资格审批工作。

②各有关部门和省、市、自治区主管基建的综合部门组织审查本部门、本地区重点建设项目的初步设计文件时,审查相应的勘察技术成果,负责本部门、本地区所属小型项目建设中需委托外商勘察的必要性和资格审批工作。

2)建设工程设计文件的审批

①国家发展和改革委员会组织审批重大建设项目的初步设计文件,负责大中型建设项目中需委托外商设计的必要性和资格审批工作。

②各有关部门和各省、市、自治区工程建设主管部门组织审批本部门、本地区重点建设项目的初步设计文件,负责本部门、本地区所属小型建设项目中需要委托外商设计的必要性和资格审批工作。

③各地、市、县工程建设主管部门组织审批本地、市、县建设项目的设计文件。

5.5.3 勘察设计单位的法律责任

如果勘察设计单位违反法律规定,将按照其情节轻重,承担民事责任、行政责任、刑事责任中的一种、两种甚至是三种法律责任。

在民事责任方面,勘察设计单位承担责任或者是因为违反合同的约定,或者是因为违反法律法规规定造成他人的人身、财产损失。此种情况下,勘察设计单位承担民事责任的方式可能包括支付违约金、赔偿损失、恢复原状等。

在行政责任方面,勘察设计单位承担责任的原因多是违反法律法规的强制性规定,如超越资质等级或以其他勘察设计单位的名义承揽勘察设计业务,勘察设计不遵守国家强制性标准等。在此情况下,勘察设计单位承担的责任方式可能是责令停止违法行为、罚款、停业整顿、降低资质等级、吊销资质证书等。

在刑事责任方面,勘察设计单位因民事违法行为或者行政违法行为情节严重足以构成犯罪的,勘察设计单位可能构成单位犯罪,直接责任人也可能构成犯罪,可能承担罚金、拘役、管制、有期徒刑等刑事责任。

【延伸阅读】
我国勘察设计行业的未来走向

改革开放以来,我国勘察设计行业不仅经历了从事业单位向企业的转变,而且也经历了从单一设计到全方面服务的转变。然而,与发达国家相比,在思想观念、管理体制、服务体系等方面,我国勘察设计行业都存在不小的差距。在经济全球化背景下,认真思考我国勘察设计行业的未来走向迫在眉睫。

总的来讲,我国勘察设计行业存在的问题主要有:现代企业制度建设步伐缓慢,企业资产经营组织形式有待进一步深化改革;企业技术创新和管理创新能力不足,缺乏核心技术,国际竞争力不强;市场秩序不规范,市场监管力度不足,诚信体系不健全;承担行业基础科研和关键技术开发的骨干勘察设计研究力量弱化,高端人才流失比较严重,企业可持续发展能力不足等。这些问题的解决不可能一蹴而就,但是为我国勘察设计行业的未来发展选择一个正确方向却是必不可少的。

在欧美发达国家,工程总承包是对建设项目的可行性研究、勘察设计、设备采购、工程施工、生产准备直至竣工投产实行的全过程管理模式,也称为"交钥匙工程"。从这些经验可以判断,在工程总承包发展到一定程度时,勘察设计行业将实现向工程技术综合服务方向转型。然而,当前我国只有极少数大型勘察设计企业借鉴了国外的工程总承包模式,大多数勘察设计企业仍然采用勘察和设计的传统承包模式。在新的发展背景下,我国勘察设计企业是否应当在原有基础上向上延伸到咨询和可行性研究,向下拓展到制造、施工、试车和综合服务方面,参与从概念设计到产品最终定型的全过程?这是我国勘察设计行业未来发展中应当充分重视的问题。

【案例分析】

修改设计文件重要内容需报原审批单位审批

2009年7月20日,温州市规划局就案涉项目向温州市国土资源局作出〔2009〕规设字5-001号《规划设计条件通知书》,要求"建筑物的体量、立面、造型、色彩应与已批的七都镇华侨花园相协调"。案涉项目的初步设计由温州市住房和城乡建设委员会批复,2012年对城市建设管理事权下放,涉案项目由鹿城区住建局承担审批及监管职责。

2013年7月15日,开发商华中公司申请对案涉项目的原设计方案进行局部调整,包括:1#楼外立面由原来的玻璃幕墙调整为仿石涂料;1#和2#楼保温材料由原来的无机轻集料保温砂浆调整为YT无机活体墙体保温。2013年8月26日,温州市规划局在上述审批表上签署"立面材料调整后应保持与周边环境的协调"意见。2013年8月27日,鹿城区住建局签署"同意变更"意见。

法院审理后认为,依据《建设工程勘察设计管理条例》第二十八条第三款,《浙江省建设工程勘察设计管理条例》第二十七条第一款,建设工程设计文件的修改涉及工艺流程、结构体系、内部使用功能等重要内容和其他需要经过有关部门审批内容的,需报原审批单位审批。案涉建筑工程设计文件变更项目涉及结构体系的重要内容修改,鹿城区住建局据此依据上述规定及《温州市建筑工程设计变更管理暂行办法》的相关规定,对华中公司报审时提交的涉案审批材料予以审查,在规划行政管理部门出具审查意见的基础上作出被诉变更行为,并无不当。[1]

简短回顾

勘察设计是工程建设活动顺利开展的前提和基础。我们常常提到勘察设计,实际上这是两个单独的行为,只不过二者的联系非常密切。我国在立法上也往往将二者放在一起进行规范。我国立法对建设工程勘察设计活动的规范主要从两个方面进行:一是对勘察设计单位进行资质管理,只有符合法定条件并经法定程序审批的单位才能进行相应的勘察设计活动;二是对勘察设计从业人员进行资格管理,取得勘察设计资格的人员须经过注册并受聘于具有勘察设计资质的单位才能从事勘察设计工作。与此同时,为了让勘察设计活动规范地开展,我国还制定了专门的勘察设计标准并对勘察设计文件的编制与审批设定了严格的实体性和程序性条件。

---

① 参见浙江省温州市中级人民法(2016)浙03行终42号行政裁定书。

复习思考

5.1 什么是建设工程勘察设计？

5.2 简述我国建设工程勘察设计法规体系。

5.3 建设工程勘察设计单位是如何分类的？

5.4 工程勘察设计从业人员开展执业活动需要什么条件？

5.5 建设工程勘察设计标准可进行哪些分类？

5.6 建设工程勘察设计文件的编制和审批有什么要求？

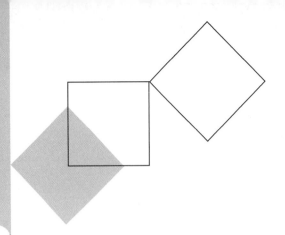

6

建设工程施工管理法规

本章导读：

　　甲公司与乙公司签订了一份建设工程施工合同,合同约定由乙公司承建甲公司的丽都大酒店工程。丽都大酒店工程为 45 层的高层建筑,乙公司为具有施工总承包二级资质的建筑企业。本案中,乙公司是否能够承建该工程? 这个案例还向我们提出了如下问题:法律为什么要求施工企业必须具有相应的资质? 施工企业的资质都有哪些分类和分级? 除了对施工企业资质有要求外,法律对施工从业人员的资格有哪些要求? 从法律角度上看,工程开工需要哪些条件? 如果对这些问题感到疑惑,相信您能够从本章学习中寻找到答案。

　　为了使建设工程施工能够有组织地顺利进行,需要制订进度、质量、成本、安全等各种计划,并按计划组织施工。如果施工情况与计划有出入,则需找出原因,采取相应措施改善施工条件,并按改变了的施工条件及时修订计划,这些工作统称为施工管理。在管理学上,通常将建设工程施工管理分为进度管理、质量管理、成本管理和安全管理等。但是,我国并没有针对建设工程施工管理的专门性法规,规范建设工程质量管理、成本管理和安全管理的法规所调整的法律关系并不仅仅局限于施工过程中所形成的法律关系,还包括勘察、设计等过程在内的从工程项目立项到结束的整个过程中所形成的法律关系。因此,本书将建设工程质量管理、成本管理和安全管理法规独立成章,主要介绍施工单位的资质管理、施工从业人员的资格管理以及建设工程施工许可证制度。

6.1　建设工程施工单位资质管理

6.1.1　建设工程施工单位资质管理的法律依据

当谈到资质或资格时,人们通常会想到,这意味着某些主体具有从事某些行为的权利,而另一些主体则不具有这样的权利。这种法律允许一部分人从事某些活动,而同时禁止其他人从事该活动的行为,通常被称为行政许可。过度频繁的行政许可,会限制人们的自由,以及导致市场竞争的不公平现象出现。在市场经济条件下,行政许可应当适当并且具有足够的理由。行政许可的形式有很多,资质和资格管理仅是其中的一种。在法律上,资质是对单位而言,资格则是针对个人而言。建设工程施工单位资质管理,是指要从事工程建设活动进入建设市场的企业,应通过向建设行政主管部门提出申请,建设行政主管部门根据申请者的相应条件,允许其从事一定范围内的工程建设活动并对其进行监督管理。

> 资质——合法从事建设活动的权利。

我国《建筑法》《行政许可法》《建设工程质量管理条例》《建设工程安全生产管理条例》等法律和行政法规都对建设工程施工企业的执业资质有所规定,但是 2015 年 3 月 1 日施行的《建筑业企业资质管理规定》(于 2016 年、2018 年修订)则是专门规定建筑业企业资质许可的行政规章。依据该规定,建筑业企业是指从事土木工程、建筑工程、线路管道设备安装工程的新建、扩建、改建等施工活动的企业。

6.1.2　建设工程施工企业资质的分类与分级

依照《建筑业企业资质管理规定》及其实施意见,建筑业企业资质分为施工总承包、专业承包和施工劳务资质 3 个序列。施工总承包资质、专业承包资质按照工程性质和技术特点分别划分为若干资质类别,各资质类别按照规定的条件划分为若干资质等级。施工劳务资质不分类别与等级,可承担各类施工劳务作业。

> 施工企业资质分为三个序列,每个序列之下又分为不同的等级。

施工总承包序列设有 12 个类别,一般分为 4 个等级(特级、一级、二级、三级)。专业承包序列设有 36 个类别,一般分为 3 个等级(一级、二级、三级)。施工劳务资质不分类别与等级。不同等级企业所能承包的工程范围不同。一般而言,特级资质的企业可以承包其专业领域内的所有工程,而一级、二级、三级资质企业所能承包的工程范围则根据其工程性质的不同有所区别。以建筑工程施工总承包为例,特级企业可承担各类房屋建筑工程的施工。一级企业可承担单项合同额 3 000 万元以上的下列建筑工程的施工:①高度 200 m 以下的工业、民用建筑工程;②高度 240 m 以下的构筑物工程。二级企业可承担下列建筑工程的施工:①高度 100 m 以下的工业、民用建筑工程;②高度 120 m 以下的构筑物工程;③建筑面积 4 万 m² 以下的单体工业、民用建筑工程;④单跨跨度 39 m 以下的建筑工程。三级企业可承担下列建筑工程的施工:①高度 50 m 以下的工业、民用建筑工程;②高度 70 m 以下的构筑物工程;③建筑面积 1.2 万 m² 以下的单体工业、民用建筑工程;④单跨跨度 27 m 以下的建筑工程。

专业承包企业的资质等级标准,依照工程性质的不同等级也不尽相同。以地基基础工程为例,其专业承包企业的资质等级标准分为一级、二级、三级。一级资质可承担各类地基基础工程的施工。二级资质可承担下列工程的施工:①高度 100 m 以下工业、民用建筑工程和高度 120 m 以下构筑物的地基基础工程;②深度不超过 24 m 的刚性桩复合地基处理和深度不超过 10 m 的其他地基处理工程;③单桩承受设计荷载 5 000 kN 以下的桩基础工程;④开挖深度不超过 15 m 的基坑围护工程。三级资质可承担下列工程的施工:①高度 50 m 以下工业、民用建筑工程和高度 70 m 以下构筑物的地基基础工程;②深度不超过 18 m 的刚性桩复合地基处理和深度不超过 8 m 的其他地基处理工程;③单桩承受设计荷载 3 000 kN 以下的桩基础工程;④开挖深度不超过 12 m 的基坑围护工程。

根据《建筑法》的规定,建筑工程总承包单位可以将承包工程中的部分工程发包给具有相应资质条件的分包单位;但是,除总承包合同中约定的分包外,必须经建设单位认可。施工总承包的,建筑工程主体结构的施工必须由总承包单位自行完成。建筑工程总承包单位按照总承包合同的约定对建设单位负责;分包单位按照分包合同的约定对总承包单位负责。总承包单位和分包单位就分包工程对建设单位承担连带责任。禁止总承包单位将工程分包给不具备相应资质条件的单位。禁止分包单位将其承包的工程再分包。但是,具有劳务作业法定资质的承包人可以与总承包人、分包人签订劳务分包合同。

6.1.3　建设工程施工企业资质的申请和审批

1)主管部门

要申请建设工程施工企业资质,首先得弄清楚应该向哪个部门申请,或者说哪个部门有审批权限。我国国务院住房城乡建设主管部门、省级住房城乡建设主管部门、设区的市级住房城乡建设主管部门有审批权限,省级交通运输、水利、通信等有关部门配合同级住房城乡建设主管部门实施本行政区域内相关资质类别建筑业企业资质的管理工作。

2)资质的申请

首次申请不考察工程业绩,但只能申请最低资质等级。

企业可以申请一项或多项建筑业企业资质。企业首次申请或增项申请资质,应当申请最低等级资质。企业申请建筑业企业资质,应当提交建筑业企业资质申请表及相应的电子文档、企业营业执照正副本复印件、企业章程复印件、企业资产证明文件复印件、企业主要人员证明文件复印件、企业资质标准要求的技术装备的相应证明文件复印件、企业安全生产条件有关材料复印件以及按照国家有关规定应提交的其他材料。资质许可机关应当及时将资质许可决定向社会公开,并为公众查询提供便利。资质证书有效期为 5 年。

3)资质的延续与变更

资质有效期届满,企业需要延续资质证书有效期的,应当在资质证书有效期届满 3

个月前,向原资质许可机关提出延续申请。资质许可机关应当在建筑业企业资质证书有效期届满前作出是否准予延续的决定;逾期未作出决定的,视为准予延续。企业在建筑业企业资质证书有效期内名称、地址、注册资本、法定代表人等发生变更的,应当在工商部门办理变更手续后1个月内办理资质证书变更手续。企业发生合并、分立、重组以及改制等事项,需承继原建筑业企业资质的,应当申请重新核定建筑业企业资质等级。

4) 审批条件

建设行政主管部门授予首次申请企业资质时,所考虑的条件通常是申请企业所拥有的注册资本、专业技术人员、技术装备等是否符合法律法规所规定的条件。对于申请资质续期的,建设行政主管部门还要考虑该企业以往的守法情况,以及信用档案中有无不良记录。对于申请资质升级以及资质增项的,建设行政主管部门还要考虑该企业在之前一年的从业活动中是否有不良或者违法行为,比如没有取得施工许可证擅自开工、串通投标、恶意拖欠分包企业工程款或者农民工工资等。如果存在上述情形,将不予批准企业的资质升级申请和增项申请。

> 审批条件主要有:注册资本、专业技术人员的数量、技术装备、工程业绩以及是否遵纪守法。

6.1.4　建设工程施工企业资质的监督管理

1) 监督管理部门及其职责

对建设工程施工企业资质进行监督管理的部门是县级以上人民政府住房城乡建设主管部门和其他有关部门。监管部门在监督管理工程中发现企业违法从事建筑活动的,应当将违法事实、处理结果或处理建议及时告知该建筑业企业的资质许可机关。资质许可机关可以撤回、撤销或者注销建设工程施工企业的资质。

2) 资质的撤回

资质许可机关撤回资质的条件是,企业取得建筑业企业资质后不再符合相应资质条件,而且逾期不改正的。程序的启动可以是根据利害关系人的请求,也可以是资质许可机关依职权为之。被撤回建筑业企业资质的企业,可以申请资质许可机关按照其实际达到的资质标准,重新核定资质。

> 资质的撤回与撤销的区别:撤回主要针对的是非违法的行为,如因客观原因企业条件丧失;而撤销主要针对的是违法行为,如欺骗、贿赂等。

3) 资质的撤销

资质许可机关撤销建筑业企业资质的情形有:

①资质许可机关工作人员滥用职权、玩忽职守准予资质许可的;

②超越法定职权准予资质许可的;

③违反法定程序准予资质许可的;

④对不符合资质标准条件的申请企业准予资质许可的;

⑤依法可以撤销资质许可的其他情形。

以欺骗、贿赂等不正当手段取得资质许可的,应当予以撤销。

4) 资质的注销

有下列情形之一的,资质许可机关应当依法注销建筑业企业资质,并公告其资质证

书作废,建筑业企业应当及时将资质证书交回资质许可机关:

①资质证书有效期届满,未依法申请延续的;

②企业依法终止的;

③资质证书依法被撤回、撤销或吊销的;

④企业提出注销申请的;

⑤法律、法规规定的应当注销建筑业企业资质的其他情形。

6.2　建设工程施工从业人员资格管理

6.2.1　建设工程施工从业人员资格管理的法律依据

我国已经取消了项目经理资质管理制度。

建设工程施工从业人员资格管理,是指建设行政主管部门根据申请人的申请,依法赋予申请人从事建设工程施工有关的专业活动的权利,并对其从业活动进行监督管理。在建设工程施工领域,我国对有关专业从业人员实行执业资格制度的是注册建造师。根据建设部 1995 年《建筑施工企业项目经理资质管理办法》的规定,我国曾在一段时间内实行建筑施工企业项目经理资质管理制度,但是,根据 2003 年建设部《关于建筑业企业项目经理资质管理制度向建造师执业资格制度过渡有关问题的通知》,在 2008 年 2 月 27 日之前我国已经由注册建造师代替建筑施工企业项目经理资质,建筑施工企业项目经理资质管理制度在我国已经消失。目前对注册建造师作出规定的规范性法律文件主要有《建筑法》《行政许可法》《建设工程质量管理条例》《建造师执业资格制度暂行规定》《注册建造师管理规定》《注册建造师执业管理办法》等。另外,根据 1996 年建设部发布的《村镇建筑工匠从业资格管理办法》的规定,曾经一段时间内建筑工匠在村镇从事房屋建筑活动的也需要申领《村镇建筑工匠资格证书》,但是,随着 2004 年 7 月 2 日该部委规章被废止,我国不再对村镇建筑工匠实行资格管理制度。

6.2.2　注册建造师执业资格考试

未取得注册证书和执业印章的,不得担任大中型建设工程项目的施工单位项目负责人。

注册建造师,是指通过考核认定或考试合格取得建造师资格证书,并经注册取得建造师注册证书和执业印章,担任施工单位项目负责人及从事相关活动的专业技术人员。未取得注册证书和执业印章的,不得担任大中型建设工程项目的施工单位项目负责人,不得以注册建造师的名义从事相关活动。可见,要在实际上以注册建造师的名义从事相关活动的,第一步便是取得建造师资格证书,而取得建造师资格证书的前提是通过考试。

参加考试的条件:学历、工作年限、遵纪守法。

建造师分为一级建造师和二级建造师,注册建造师资格考试也相应分为两级。参加注册建造师资格考试的条件,除遵纪守法外,还需要符合学历和工作年限要求。申请参加二级建造师执业资格考试,需要具备工程类或工程经济类中等专科以上学历并从事建设工程项目施工管理工作满 2 年。申请参加一级建造师执业资格考试最低需要取得工程类或工程经济类大学专科学历,学历越高,所要求的工作年限就越短。例如,取得大专学历的,需要工作满 6 年,其中从事建设工程项目施工管理工作满 4 年;取得工程类或工程经济类博士学位的,只需要从事建设工程项目施工管理工作满 1 年。

　　参加一级建造师执业资格考试合格,将取得"中华人民共和国一级建造师执业资格证书",该证书在全国范围内有效。二级建造师执业资格考试合格者,将取得"中华人民共和国二级建造师执业资格证书",该证书在所在行政区域内有效。

6.2.3　注册建造师注册

　　取得资格证书的人员,经过注册方能以注册建造师的名义执业。初始注册者,可自资格证书签发之日起 3 年内提出申请。逾期未申请者,须符合本专业继续教育的要求后方可申请初始注册。申请初始注册时应当具备以下条件:a.经考核认定或考试合格取得资格证书;b.受聘于一个相关单位(所谓相关单位是指具有建设工程勘察、设计、施工、监理、招标代理、造价咨询等一项或者多项资质的单位);c.达到继续教育要求;d.没有《注册建造师管理规定》所规定的其他不予注册的情形。

　　注册成功后,申请者将获得一级或二级建造师注册证书和执业印章。注册证书和执业印章是注册建造师的执业凭证,由注册建造师本人保管、使用。注册证书与执业印章有效期为 3 年。注册有效期满需继续执业的,应当在注册有效期届满 30 日前,申请延续注册。延续注册的,有效期为 3 年。在注册有效期内,注册建造师变更执业单位,应当与原聘用单位解除劳动关系,并办理变更注册手续,变更注册后仍延续原注册有效期。

> 考试
> ⇩
> 注册
> ⇩
> 执业

6.2.4　注册建造师执业管理

　　注册建造师应当在其注册证书所注明的专业范围内从事建设工程施工管理活动,其具体执业范围按照《注册建造师执业工程规模标准》以及《注册建造师执业工程范围》执行。大中型工程施工项目负责人必须由本专业注册建造师担任。一级注册建造师可担任大、中、小型工程施工项目负责人,二级注册建造师可担任中、小型工程施工项目负责人。注册建造师不得同时在两个及两个以上的建设工程项目上担任施工单位项目负责人。

　　担任建设工程施工项目负责人的注册建造师对其签署的工程管理文件承担相应责任。注册建造师签章完整的工程施工管理文件方为有效。注册建造师有权拒绝在不合格或者有弄虚作假内容的建设工程施工管理文件上签字并加盖执业印章。注册建造师违反《注册建造师管理规定》所规定的义务,应依法承担法律责任。

6.3　建设工程施工许可证制度

　　建设工程施工许可制度,是指建设工程开始施工以前,由住房城乡建设主管部门对建设工程是否符合开工条件进行审查,符合条件的发给施工许可证,不符合条件的则不能开工。国家实行建设工程施工许可证制度,就是通过对建设工程所应具备的基本条

> 取得施工许可证,是工程开工的必要条件。

件进行审查,避免不具备条件的建设工程盲目开工而给相关当事人以及社会公共利益造成损害,保证建设工程的顺利进行,达到事前控制的目的。我国《建筑法》《建设工程质量管理条例》《建设工程安全生产管理条例》以及《建筑工程施工许可管理办法》(2021 年修订)等规范性文件对建设工程施工许可证制度都有规定。

6.3.1 申领施工许可证的单位和时间

申领施工许可证的单位是建设单位。所谓建设单位,就是出资建造各类工程的单位。申领施工许可证的时间是在建设工程开工前。所谓开工前,是指永久性工程正式破土开槽开始施工之前。在此之前的准备工作,如土质勘探、平整场地、拆除旧建筑物、临时建筑、施工用的临时道路、水、电等工程,都不算正式开工。

> 申请施工许可证是建设单位的义务。

6.3.2 需要申领施工许可证的建设工程范围

凡在我国境内从事各类房屋建筑及其附属设施的建造、装修装饰和与其配套的线路、管道、设备的安装,以及城镇市政基础设施工程的施工,建设单位在开工前应当向工程所在地的县级以上地方人民政府住房城乡建设主管部门申请领取施工许可证。但是,下列工程例外:

①工程投资额在 30 万元以下或者建筑面积在 300 m² 以下的建筑工程,可以不申请办理施工许可证。省、自治区、直辖市人民政府住房城乡建设主管部门可以根据当地的实际情况,对限额进行调整,并报国务院住房城乡建设主管部门备案。

> 四项例外

②按照国务院规定的权限和程序批准开工报告的建筑工程,不再领取施工许可证。

③抢险救灾工程、临时性建筑工程、农民自建两层以下(含两层)住宅工程,在开工前不需要申领施工许可证。

④军事房屋建筑工程施工许可的管理,按国务院、中央军事委员会制定的办法执行。

6.3.3 申领施工许可证的条件

申领施工许可证,应当具备下列条件:

①依法应当办理用地批准手续的,已经办理该建筑工程用地批准手续。

②依法应当办理建设工程规划许可证的,已经取得建设工程规划许可证。

> 六大条件

③施工场地已经基本具备施工条件,需要征收房屋的,其进度符合施工要求。

④已经确定施工企业。按照规定应当招标的工程没有招标,应当公开招标的工程没有公开招标,或者肢解发包工程,以及将工程发包给不具备相应资质条件的企业的,所确定的施工企业无效。

⑤有满足施工需要的资金安排、施工图纸及技术资料,建设单位应当提供建设资金已经落实承诺书,施工图设计文件已按规定审查合格。

⑥有保证工程质量和安全的具体措施。施工企业编制的施工组织设计中有根据建

筑工程特点制定的相应质量、安全技术措施。建立工程质量安全责任制并落实到人。专业性较强的工程项目编制了专项质量、安全施工组织设计,并按照规定办理了工程质量、安全监督手续。

县级以上地方人民政府住房城乡建设主管部门不得违反法律法规规定,增设办理施工许可证的其他条件。

6.3.4　申领施工许可证的程序

第 1 步,建设单位向发证机关领取《建筑工程施工许可证申请表》。

第 2 步,建设单位持加盖单位及法定代表人印鉴的《建筑工程施工许可证申请表》,并附《建筑工程施工许可管理办法》第四条规定的证明文件,向发证机关提出申请。

第 3 步,发证机关在收到建设单位报送的《建筑工程施工许可证申请表》和所附证明文件后,对于符合条件的,应当自收到申请之日起 15 日内颁发施工许可证;对于证明文件不齐全或者失效的,应当当场或者 5 日内一次告知建设单位需要补正的全部内容,审批时间可以自证明文件补正齐全后作相应顺延;对于不符合条件的,应当自收到申请之日起 15 日内书面通知建设单位,并说明理由。

另外,建筑工程在施工过程中,建设单位或者施工单位发生变更的,应当重新申请领取施工许可证。

领表
⇩
交表
⇩
审批

6.3.5　延期开工、中止施工与恢复施工

建设单位应当自领取施工许可证之日起 3 个月内开工。因故不能按期开工的,应当在期满前向发证机关申请延期,并说明理由。延期以两次为限,每次不超过 3 个月。既不开工又不申请延期或者超过延期次数、时限的,施工许可证自行废止。关于施工许可证的有效期限,是指施工许可证尚能证明工程施工合法的期限,如果施工许可证失效,则意味着工程施工不合法。只要建设单位按期开工,在整个施工过程中,施工许可证都是有效的。

延期开工的时间不等于施工许可证的有效期限。

在建的建筑工程因故中止施工的,建设单位应当自中止施工之日起 1 个月内向发证机关报告,报告内容包括中止施工的时间、原因、在施部位、维修管理措施等,并按照规定做好建筑工程的维护管理工作。

建筑工程恢复施工时,应当向发证机关报告。中止施工满 1 年的工程恢复施工前,建设单位应当报发证机关核验施工许可证。经原发证机关核验合格的,可以继续施工。发证机关作出的施工许可决定,应当予以公开,公众有权查阅。发证机关还应当建立颁发施工许可证后的监督检查制度,对取得施工许可证后条件发生变化、延期开工、中止施工等行为进行监督检查,发现违法违规行为及时处理。

中止施工和恢复施工都需要报告,中止施工满 1 年的,还需要核验施工许可证。

6.3.6　违反施工许可证制度的法律责任

违反施工许可证制度的法律责任主要是行政责任和刑事责任。

①对于未取得施工许可证或者为规避办理施工许可证将工程项目分解后擅自施工的,由有管辖权的发证机关责令停止施工,限期改正,对建设单位处工程合同价款1%以上2%以下罚款,对施工单位处3万元以下罚款。

②建设单位采用欺骗、贿赂等不正当手段取得施工许可证的,由原发证机关撤销施工许可证,责令停止施工,并处1万元以上3万元以下罚款,构成犯罪的依法追究刑事责任。

③建设单位隐瞒有关情况或者提供虚假材料申请施工许可证的,发证机关不予受理或者不予许可,并处1万元以上3万元以下罚款,构成犯罪的依法追究刑事责任。建设单位伪造或者涂改施工许可证的,由发证机关责令停止施工,并处1万元以上3万元以下罚款,构成犯罪的依法追究刑事责任。

④给予单位罚款处罚的,对单位直接负责的主管人员和其他直接责任人员处单位罚款数额5%以上10%以下罚款。单位及相关责任人受到处罚的,作为不良行为记录予以通报。

⑤发证机关及其工作人员,违反本办法,有下列情形之一的,由其上级行政机关或者监察机关责令改正;情节严重的,对直接负责的主管人员和其他直接责任人员,依法给予行政处分:对不符合条件的申请人准予施工许可的;对符合条件的申请人不予施工许可或者未在法定期限内作出准予许可决定的;对符合条件的申请不予受理的;利用职务上的便利,收受他人财物或者谋取其他利益的;不依法履行监督职责或者监督不力,造成严重后果的。

【延伸阅读】
在乡镇推行施工许可证制度的困境与出路

根据规定,工程投资额在30万元以下或者建筑面积在300 m² 以下的建筑工程,可以不申请办理施工许可证。近年来,乡镇居民建房其建筑面积大多都超过300 m²,房屋层数高的达到五六层,乡镇居民建房的建筑规模越来越大,建筑层数越来越高,但是,取得施工许可证的却极少。这种现象在乡镇建房中不仅普遍存在,而且人们对此似乎习以为常,主管部门也未严格依法监管,由此给房屋质量与施工安全带来了隐患。

为什么施工许可制度在城乡之间的实施情况存在巨大差别?最根本的原因在于我国城乡二元结构所导致的城乡差异。具体而言,主要有以下几个方面:其一,相关主体法律意识淡薄。乡镇建房的业主多为当地居民,他们习惯按照乡村传统模式建房,不按法律程序发包工程和组织施工,设计人员往往在没有勘察成果的情况下,凭借经验推断地质情况进行设计。施工人员也多数系乡村工匠,他们以个人名义低价承揽工程,施工过程中为节省成本,偷工减料,造成工程质量低劣,加之安全防护不到位,致使事故频发。其二,监督管理难到位。作为一项专业性和技术性都很强的工作,建设行政主管部门往往委托工程质量监督机构和工程安全生产监督机构对工程进行监管,但是,这些机构的数量和质量难以保障施工许可制度在乡镇建筑市场的实施。其三,办证手续烦琐、收费项目较多。申请施工许可证需要提供30余种资料,有些发证机关还额外设置一些条件,使手续办理更为复杂。另外,申请施工许可证的收费项目较多,对于乡镇建房的业主来说也是一笔不小的负担。

针对施工许可制度在乡镇实施中的困境,在制度层面首先需要放宽乡镇工程施工许可证申请的条件。例如,在工程勘察设计方面,可由乡镇建管部门对集镇规划区内的建筑,根据拟建房屋规模与实际地质状况统一组织勘察,形成勘察成果后,再根据已有勘察成果将各种类型的建筑委托设计单位设计出通用图集供居民建房时选用,做到成果共享。同时,还应简化办证手续和减少收费项目。比如只收取基础设施配套费和缴纳施工人员强制保险费等费用,其他的税费一律不予收取。当然,加强法律意识,改进工作方法也是必要的。

【案例分析】

未取得建筑施工企业资质不得承揽工程

2010年1月4日,韦杰与地大公司签订了一份《工程施工劳务合同》,约定地大公司将某污水处理厂及配套污水管网边坡支护工程劳务分包给韦杰施工,工程总造价为固定单价乘以完成的工程量。合同签订后,韦杰进场施工。2012年5月30日,双方确认工程总价款为978 037.4元。地大公司除支付20万元外,尚欠778 037.4元工程款未付,韦杰遂起诉到人民法院请求支付工程款及利息。

法院认为,韦杰不具备建筑施工资质或劳务作业资质,但是工程竣工验收并交付使用,根据《最高人民法院关于审理建设工程施工合同纠纷案件适用法律问题的解释》(法释〔2004〕14号)第一条关于"承包人未取得建筑施工企业资质或者超越资质等级"承揽工程应当认定合同无效的规定(法释〔2020〕25号有相同规定),韦杰与地大公司签订《工程施工劳务合同》时,并未取得建筑施工资质或劳务作业资质,故《工程施工劳务合同》应为无效合同。法释〔2004〕14号司法解释第二条还规定:"建设工程施工合同无效,但建设工程经竣工验收合格,承包人请求参照合同约定支付工程价款的,应予支持",故对韦杰要求支付778 037.4元工程款及利息的诉讼请求判决予以支持。[①]

简短回顾

建设工程施工管理法规是指调整建设施工活动中形成的社会关系的法律规范的总称。建筑企业的资质管理,是指有关行政机关及其授权的机构,依法允许有关企业从事建筑活动并对其进行监督管理。建设工程施工从业人员资格管理,是指建设行政主管部门根据申请人的申请,依法赋予申请人从事建设工程施工有关的专业活动的权利,并对其从业活动进行监督管理。建设工程施工许可制度,是指由国家授权有关行政主管部门,在建设工程施工开始以前,对该项工程是否符合法定的开工条件进行审查,对符合条件的建设工程发给施工许可证,允许该工程开工建设的制度。

---

①　参见南宁市中级人民法院(2015)南市民一终字第1495号民事判决书。

复习思考

6.1　为什么施工企业必须具有相应的资质？

6.2　施工企业的资质都有哪些类别与等级？

6.3　为什么施工从业人员必须具有相应的资格？

6.4　什么是建设工程施工许可制度？

6.5　申办施工许可证需要哪些条件？

6.6　违反施工许可制度应承担哪些法律责任？

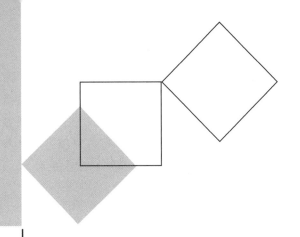

7 建设工程造价管理法规

本章导读：

　　甲公司与乙公司签订了一份建设工程施工合同,合同约定由乙公司承建甲公司某防雷接地工程。工程完工后,乙公司因工程款结算纠纷将甲公司告上法庭。诉讼过程中,由于双方对工程造价分歧较大,法院委托某工程审价事务所对工程造价进行鉴定。在鉴定过程中,甲公司认为应当按照工程量清单计价方式进行鉴定,而乙公司则坚持要按照定额计价方式进行鉴定。该事务所于是分别按照工程量清单计价和定额计价两种方式进行鉴定,供法院参考。根据两种不同的计价方式得出的鉴定结论差别巨大。法院通过对合同的审查,认为甲乙双方约定的合同价为固定价,于是以合同的约定为依据,判决甲公司支付乙公司剩余工程款。本案中,什么是工程量清单计价方式?什么是定额计价方式?哪种计价方式更为科学?前述某工程审价事务所是个什么性质的单位?如果您对这些问题感到疑惑,相信能够从本章学习中寻找到答案。

7.1　建设工程造价管理法规概述

7.1.1　建设工程造价的含义

　　一般来说,建设工程造价可以从两个角度来理解:第一个角度是从投资者,即建设单位的角度,工程造价是指建设一项工程预期开支或实际开支的全部固定资产投资费用。即是指建设工程从立项到竣工验收交付使用所需的全部费用,包括项目前期费、建筑安装工程费、设备及工器具购置费、预备费、工程建设移民安迁等其他费用、建设期银行贷款利息和固定资产投资方向调节税等。第二个角度是从市场交易的角度,即是指为建成一项工程,预计或实际在土地市场、设备市场、技术劳务市场,以及承发包市场等交易活动中所形成建设工程的价格。从第二个角度所理解的建设工程造价通常被称为工程承发包价格。本书主要从第二个角度来理解和使用建设工程造价这一术语。

> 建设工程总造价由建筑安装工程费用,设备和工、器具购置费用,工程建设其他费用,预备费,有关税费及贷款利息等组成。

7.1.2　建设工程造价管理法规体系

工程造价管理是一项技术性、专业性很强的工作。当前,我国尚无一部专门规范建设工程造价管理的单行法律,相关规定散见于《建筑法》《招标投标法》《价格法》《建设工程质量管理条例》《建设工程价款结算暂行办法》《工程造价咨询企业管理办法》(2020 年修订)《注册造价工程师管理办法》(2020 年修订)等规范性文件以及最高人民法院的相关司法解释中。此外,我国还有大量的地方性法规和地方政府规章也对工程造价管理进行了规范。我国建设工程造价管理法规所调整的范围主要涉及工程造价咨询企业的资质管理、注册造价师资格管理、建设工程的计价依据以及建设工程价款结算等方面的内容。

7.2　建设工程造价咨询企业

> 工程造价咨询企业是一个提供专业咨询服务的企业。

在计划经济时期,国家以指令性的方式进行工程造价管理,培养和造就了一大批工程概预算人员。随着社会主义市场经济体制的建立与发展,客观上要求有专门从事工程造价咨询的企业提供工程造价咨询服务。工程造价咨询企业,是指接受委托,对建设项目投资、工程造价的确定与控制提供专业咨询服务的企业。为了加强对工程造价咨询企业的管理,提高工程造价咨询工作质量,维护建设市场秩序和社会公共利益,我国对工程造价咨询企业实行资质管理制度。对工程造价咨询企业主要由《工程造价咨询企业管理办法》进行规范。

7.2.1　工程造价咨询企业的资质等级与业务范围

根据注册资本、专业人员、工作经历等的不同,我国工程造价咨询企业资质等级分为甲级、乙级。工程造价咨询企业欲取得甲级资质,应先取得乙级工程造价咨询企业资质证书并且满 3 年。甲级工程造价咨询企业可以从事各类建设项目的工程造价咨询业务。乙级工程造价咨询企业可以从事工程造价 2 亿元人民币以下的各类建设项目的工程造价咨询业务。工程造价咨询业务范围包括:

①建设项目建议书及可行性研究投资估算,项目经济评价报告的编制和审核。

②建设项目概预算的编制与审核,并配合设计方案比选、优化设计、限额设计等工作进行工程造价分析与控制。

③建设项目合同价款的确定(包括招标工程工程量清单和标底、投标报价的编制和审核),合同价款的签订与调整(包括工程变更、工程洽商和索赔费用的计算)及工程款支付,工程结算及竣工结(决)算报告的编制与审核等。

④工程造价经济纠纷的鉴定和仲裁的咨询。

⑤提供工程造价信息服务等。

工程造价咨询企业可以对建设项目组织实施的全过程或者若干阶段的管理和服务。

7.2.2　工程造价咨询企业的监督管理

1)工程造价咨询企业的禁止行为

工程造价咨询企业不得有下列行为:

①涂改、倒卖、出租、出借资质证书,或者以其他形式非法转让资质证书。

②超越资质等级业务范围承接工程造价咨询业务。

③同时接受招标人和投标人或两个以上投标人对同一工程项目的工程造价咨询业务。

④以给予回扣、恶意压低收费等方式进行不正当竞争。

⑤转包承接的工程造价咨询业务。

⑥法律法规禁止的其他行为。

2)资质的撤销

有下列情形之一的,资质许可机关或者其上级机关,根据利害关系人的请求或者依据职权,可以撤销工程造价咨询企业资质:

①资质许可机关工作人员滥用职权、玩忽职守作出准予工程造价咨询企业资质许可的。

②超越法定职权作出准予工程造价咨询企业资质许可的。

③违反法定程序作出准予工程造价咨询企业资质许可的。

④对不具备行政许可条件的申请人作出准予工程造价咨询企业资质许可的。

⑤工程造价咨询企业以欺骗、贿赂等不正当手段取得工程造价咨询企业资质的。

⑥依法可以撤销工程造价咨询企业资质的其他情形。

> 撤销是由违法行为引起的。

3)资质的撤回

工程造价咨询企业取得工程造价咨询企业资质后,不再符合相应资质条件的,资质许可机关根据利害关系人的请求或者依据职权,可以责令其限期改正;逾期不改的,可以撤回其资质。

4)资质的注销

有下列情形之一的,资质许可机关应当依法注销工程造价咨询企业资质:

①工程造价咨询企业资质有效期满,未申请延续的。

②工程造价咨询企业资质被撤销、撤回的。

③工程造价咨询企业依法终止的。

④法律、法规规定的应当注销工程造价咨询企业资质的其他情形。

> 注销是撤回和撤销的必然结果。

5) 信用档案

工程造价咨询企业应当按照有关规定,向资质许可机关提供真实、准确、完整的工程造价咨询企业信用档案信息。工程造价咨询企业信用档案应当包括工程造价咨询企业的基本情况、业绩、良好行为、不良行为等内容。违法行为、被投诉举报处理、行政处罚等情况应当作为工程造价咨询企业的不良记录记入其信用档案。任何单位和个人有权查阅信用档案。

7.3 注册造价工程师

注册造价工程师——从事工程造价活动的专业人员。

注册造价工程师是指通过土木建筑工程或者安装工程专业造价工程师职业资格考试取得造价工程师职业资格证书或者通过资格认定、资格互认,并经过注册后,从事工程造价活动的专业人员。注册造价工程师分为一级注册造价工程师和二级注册造价工程师。为了加强对注册造价工程师的管理,规范注册造价工程师执业行为,维护社会公共利益,我国对注册造价工程师实行执业资格管理制度。

7.3.1 注册造价工程师执业资格考试与注册

考试
⇩
注册
⇩
执业

我国公民欲取得注册造价工程师的执业资格,必须首先通过执业资格考试。通过造价工程师执业资格考试的合格者,将获得造价工程师执业资格证书,该证书全国范围有效。取得执业资格的人员,经过注册方能以注册造价工程师的名义执业。未取得注册证书和执业印章的人员,不得以注册造价工程师的名义从事工程造价活动。取得资格证书的人员,可自资格证书签发之日起 1 年内申请初始注册。逾期未申请者,须符合继续教育的要求后方可申请初始注册。初始注册的有效期为 4 年。注册造价工程师注册有效期满需继续执业的,应当在注册有效期满 30 日前,申请延续注册。延续注册的有效期为 4 年。申请人的申请经注册机关审核,准予注册的,由注册机关核发注册证书和执业印章。注册证书和执业印章是注册造价工程师的执业凭证,由注册造价工程师本人保管、使用。

7.3.2 注册造价工程师的执业范围

一级注册造价工程师执业范围包括建设项目全过程的工程造价管理与工程造价咨询等,具体工作内容包括:

①项目建议书、可行性研究投资估算与审核,项目评价造价分析;

②建设工程设计概算、施工预算编制和审核;

③建设工程招标投标文件工程量和造价的编制与审核;

④建设工程合同价款、结算价款、竣工决算价款的编制与管理;

⑤建设工程审计、仲裁、诉讼、保险中的造价鉴定,工程造价纠纷调解;

⑥建设工程计价依据、造价指标的编制与管理;

⑦与工程造价管理有关的其他事项。

二级注册造价工程师协助一级注册造价工程师开展相关工作,并可以独立开展以下工作:

①建设工程工料分析、计划、组织与成本管理,施工图预算、设计概算编制;

②建设工程量清单、最高投标限价、投标报价编制;

③建设工程合同价款、结算价款和竣工决算价款的编制。

7.3.3 注册造价工程师的权利与义务

注册造价工程师在执业过程中主要享有下列权利:a.使用注册造价工程师名称;b.依法独立执行工程造价业务;c.在本人执业活动中形成的工程造价成果文件上签字并加盖执业印章;d.发起设立工程造价咨询企业;e.保管和使用本人的注册证书和执业印章;f.参加继续教育。

注册造价工程师在执业活动中主要负有以下义务:a.遵守法律、法规、有关管理规定,恪守职业道德;b.保证执业活动成果的质量;c.接受继续教育,提高执业水平;d.执行工程造价计价标准和计价方法;e.与当事人有利害关系的,应当主动回避;f.保守在执业中知悉的国家秘密和他人的商业、技术秘密。

> 注册造价工程师违反其义务要承担相应法律责任。

7.4 建设工程造价的计价依据

7.4.1 计价依据的概念

所谓建设工程造价的计价依据,从广义上理解,是指根据调查统计和分析测算,从工程建设活动和市场交易活动中获取的,可以用于预测、评估和计算工程造价的参数、量值以及方法等。广义上的建设工程造价的计价依据不仅包括政府机构编制的计价依据,而且还包括建筑市场价格信息、企业或行业自行编制的计价依据,以及其他能够用于确定工程造价的计价依据。狭义上的计价依据仅指政府机构编制的计价依据。当前政府机构编制的计价依据有定额计价和工程量清单计价两种模式。

> 计价依据是计算建设工程造价的方法、参数、量值。

7.4.2 定额计价

定额是指有关部门根据一定的信息,运用一定的方法编制出的生产质量合格的单位建筑产品所需要的劳动力、材料、机械台班等的数量标准。定额计价就是以这些数量标准为基础计算出完成整个工程所需要的价格,并以这一价格作为编制施工图预算、制定招标工程标底、进行工程结算等的依据。计划经济时代我国只实行定额计价模式,改革开放以后很长时期内我国也主要实行定额计价模式,基本上各省市都结合自身情况编制了适用于本行政区划内的建设工程计价定额。

> 定额计价往往难以真实反映市场价格的变化。

7.4.3　工程量清单计价

> 工程量清单计价比较能够反映市场价格的变化。

由于定额计价模式不适应市场经济的要求,当前我国主要实行的是工程量清单计价模式。所谓工程量清单,是指建设工程的分部分项工程项目、措施项目、其他项目、规费项目和税金项目的名称和相应数量等的明细清单。工程量清单是工程量清单计价的基础,应作为招标控制价、投标报价、计算工程量、支付工程款、调整合同价款、办理竣工结算以及工程索赔等的依据。现行《建设工程工程量清单计价规范》为国家标准,编号为 GB 50500—2013,自 2013 年 4 月 1 日起实施。其中,第 3.1.1、第 3.1.4、第 3.1.5、第 3.1.6、第3.4.1、第 4.1.2、第 4.2.1、第 4.2.2、第 4.3.1、第 5.1.1、第 6.1.3、第 6.1.4、第 8.1.1、第 8.2.1、第 11.1.1 条(款)为强制性条文,必须严格执行。

7.5　建设工程造价的计价过程

在整个工程建设活动中,都存在建设工程造价的计价问题,一般而言,建设工程造价的计价过程分为 6 个阶段。

> 投资估算
> ⇩
> 设计概算
> ⇩
> 施工图预算
> ⇩
> 合同价确定
> ⇩
> 竣工结算
> ⇩
> 竣工决算

7.5.1　投资估算

投资估算是在建设项目投资决策过程中对拟建项目投资额所作的预估。这项工作通常又可以分为 3 个阶段,即项目建议书阶段、初步可行性研究阶段和详细可行性研究阶段。建设项目的投资估算,应根据投资估算指标等编制期的计价依据和有关规定,以及编制期至竣工期的价格、利率、汇率等动态因素进行编制,并报经计划管理部门批准。投资估算是进行项目经济评价的基础,是判断项目可行性和进行项目投资决策的依据,并作为筹集建设资金及后期建设阶段工程造价的控制限额。

7.5.2　设计概算

设计概算是在初步设计阶段,由设计单位根据初步设计或扩大初步设计图纸及说明、概算定额或概算指标、费用定额、设备材料预算价格等资料编制的建设项目所需全部费用的经济文件。设计概算通常可分为单位工程概算、单项工程综合概算和建设项目总概算三级。设计概算报经建设行政主管部门备案后,作为控制施工图设计和工程预算的依据。涉及政府投资的建设工程概算,应当征得计划管理部门的同意。经批准的设计概算是编制建设项目投资计划,确定和控制建设项目投资,签订建筑工程贷款合同,控制施工图设计和施工图预算,衡量设计方案经济合理性和选择最佳设计方案,工程造价管理及编制招标标底,考核建设项目投资效果等的依据。

7.5.3　施工图预算

施工图预算是在施工图设计完成后,预先计算每项拟建的单项(或单位)工程所需经费、人工、材料和主要施工机械台班的技术经济文件。它是根据施工设计图纸、现行预算定额(或基价表)、费用定额、施工组织设计(或施工方案)以及地区设备、材料、人工、施工机械台班预算价格等资料,在设计概算控制下编制而成。施工图预算是设计阶段控制工程造价的重要环节,是编制招标标底的依据,也是投标人投标报价的基础。

施工图预算是投标人投标报价时参考的重要内容,是报价的基础。

7.5.4　合同价确定

在前述阶段的基础上,发包方和承包方便可以确定合同价。合同价主要有 3 种类型:固定合同价、可调合同价、成本加酬金确定的合同价。

(1)固定合同价

合同中确定的工程合同价在实施期间不因价格变化而调整。固定合同价可分为固定合同总价和固定合同单价两种。这种类型多使用于小型工程。

(2)可调合同价

可调合同价包括可调总价和可调单价两种。可调总价是指在合同中确定的工程合同总价在实施期间可随价格变化而调整。可调单价是指在合同中签订的单价,根据合同约定的条款,如在工程实施过程中物价发生变化时,可作调整。

(3)成本加酬金确定的合同价

合同中确定的工程合同价,其工程成本部分按现行计价依据计算,酬金部分则按工程成本乘以通过竞争确定的费率计算,将两者相加,确定出合同价。这种价格方式对于承包人来说是风险最小的。

7.5.5　竣工结算

竣工结算是指施工单位在单位(或单项)工程验收后,按合同规定向建设单位办理最后工程价款结算的经济文件。工程竣工结算分为单位工程竣工结算、单项工程竣工结算和建设项目竣工总结算。工程竣工结算由承包人编制,发包人审查;实行总承包的工程,由具体承包人编制,在总承包人审查的基础上,发包人审查;单项工程竣工结算或建设项目竣工总结算由总(承)包人编制,发包人可直接进行审查,也可以委托具有相应资质的工程造价咨询机构进行审查。工程竣工结算经发、承包人签字盖章后有效。承包人应在合同约定期限内完成项目竣工结算编制工作,发包人也应该在规定或约定的时限内审查核对,未在规定期限内完成相关工作的应承担相应的责任。

竣工结算是由施工单位编制,建设单位审核的作为工程款拨付依据的文件。

7.5.6 竣工决算

竣工决算是建设单位编制的反映工程全部造价的文件。

建设工程竣工决算是指在竣工验收交付使用阶段,由建设单位编制的建设项目从筹建到竣工投产或使用全过程的全部实际支出费用的经济文件。它是建设项目全部建成后办理移交,汇报建设成果和财务情况,考核竣工项目的概预算执行情况以及总结经验等项工作的依据。凡属政府财政性资金投资的基本建设项目,其工程标底、工程预算、工程价款结算、工程竣工财务结(决)算,还须由财政部门确认。审计机关负责对国家建设项目的概、预算执行情况和年度决算,工程项目决算依法进行审计监督。凡财政性建设资金投资的建设项目,实行必审制度。

【延伸阅读】

建设单位能否单方面以审计结论作为结算依据

2005 年 1 月,甲公司与乙公司签订了一份建设工程施工合同,合同约定由乙公司承建甲公司发包的某高速公路路面工程。合同总价为 87 445 809 元,同时在合同附件中约定据实结算,工程保留金在缺陷责任期满以及通过国家竣工审计 14 天内,将剩余保留金支付给乙公司。2005 年 12 月,工程经竣工验收合格后交付给甲公司,双方办理了工程结算并确认工程实际价款为 87 319 251 元。2007 年 11 月 15 日,A 市审计局向甲公司出具了一份《审计决定书》,该审计决定调减工程款 4 972 583.60 元,并要求甲公司按照审计结论与乙公司办理结算。乙公司拒绝按照《审计决定书》履行,并于 2008 年 5 月依照约定向 A 市仲裁委员会申请仲裁,请求裁决甲公司支付尚欠工程保留金 2 182 981元。A 市仲裁委员会经过审理后认为,通过国家机关的竣工决算审计并不是支付保留金的必备条件,因为此项约定仅仅是针对"保留金的退还",而不是工程款的计算办法,在关于工程款计算办法的约定中,双方并没有在合同中明确约定以审计结论作为结算依据,因此,甲公司将审计结论作为工程结算依据的理由不充分,甲公司负有义务将工程保留金支付给乙公司。[①]

本案中,为什么甲公司不能单方面以国家审计机关出具的审计结论作为工程款结算的依据呢?

审计结论是由审计机关检查被审计单位的会计凭证、会计账本、会计报表,以及其他与财政收支、财务收支有关的资料和资产,监督财政收支、财务收支是否真实、合法和有效,并据此作出的结论性意见。我国《审计法》第二十二条规定:"审计机关对政府投资和以政府投资为主的建设项目的预算执行情况和决算,进行审计监督。"在本案中,甲公司投资建设的某高速公路属于政府投资,自然应当接受审计机关的审计监督。

工程结算是承包人与发包人办理的工程价款结算活动,而竣工决算则是发包人编制的工程项目从筹建到竣工投产或使用全过程的全部实际支出费用的汇总与统计活

[①] 参见宋宗宇.审计结论作为工程结算依据的风险分析[J].建筑经济,2009(4).

动。在政府投资和以政府投资为主的建设项目中,竣工决算不仅由发包人负责编制,而且还要经过国家审计机关审计和验收委员会确认。实践中,审计机关常常强行要求发包人按照审计结论确定的决算款与承包人进行结算。但是,我国《审计法》第十六至二十四条明确规定了被审计的对象及事项,这些对象及事项中并不包括承包人。因此,承包人与审计机关没有行政法意义上的监督与被监督关系,审计机关的审计结论并不能对承包人产生直接影响。但是,审计机关和发包人却往往扩大适用审计结论的效力范围,利用发包人的优势地位,将审计结论确定的竣工决算款直接作为工程结算的依据。

《最高人民法院关于建设工程承包合同案件中双方当事人已确认的工程决算价款与审计部门审计的工程决算价款不一致时如何适用法律问题的电话答复意见》明确指出:"审计是国家对发包人的一种行政监督,不影响发包人与承建单位的合同效力。建设工程承包合同案件应以当事人的约定作为法院判决的依据。只有在合同明确约定以审计结论作为结算依据,或者合同约定不明确、合同约定无效的情况下,才能将审计结论作为判决的依据。"可见,审计结论在效力上并不高于当事人之间明确约定的价款事项的效力。除非合同明确约定以审计结论作为结算依据,或者在合同约定不明确、合同约定无效的情况下,审计结论才能作为扣减承包商工程结算款的直接理由。在本案中,当事人没有在合同中明确约定以审计结论作为工程结算依据,也不存在合同约定不明和合同约定无效的情形,相反,合同明确约定"据实结算",而且工程竣工后双方已经办理了工程结算,因此,A市仲裁委员会的裁决是正确的。

【案例分析】

送审价作为工程结算价需当事人明确约定

2002年3月15日,开发商甲公司与承包商乙公司签订了一份《建设工程施工合同》。合同约定由乙公司承建位于某市的新发大厦,工程价款暂定1 900万元。工程竣工验收后,乙公司向甲公司递交了一份工程造价为2 500万元的工程结算书。在甲公司迟迟不予答复的情况下,乙公司通过公证处向甲公司发出催款函,该函载明:"自甲公司收到本函之日起28天内,请就我司报送的工程竣工结算文件向我司提出书面意见;如到期未出具书面意见,视为认可我司报送的结算文件内容,按报送文件结算。本函为施工合同组成部分,自甲公司签收之日起发生法律效力"。甲公司签收上述文件并加盖了收文专用章。

2003年10月,乙公司提起诉讼,请求甲公司按照催款函上记载的2 500万元工程总价款进行结算,支付剩余工程款及利息。甲公司答辩称,乙公司报送的工程结算文件中大量报价与事实不符,应由法院委托鉴定从而决定工程价款数额。一审法院确认了催款函的法律效力,依据《最高人民法院关于审理建设工程施工合同纠纷案件适用法律问题的解释》(法释〔2004〕14号)第20条(法释〔2020〕25号司法解释调整为第21条)关于"当事人约定,发包人收到竣工结算文件后,在约定期限内不予答复,视为认可竣工结算文件的,按照约定处理。承包人请求按照竣工结算文件结算工程价款的,应予支持"的规定,认为甲公司应当按照催款函记载的款项数额向乙公司结算工程款,并据此作出判决。最高人民法院民一庭也认为,本案中的催款函属于要约性质,甲公司签收此函即为承诺,应视为接受函示内容。甲公司在函示期间内没有回复意见,视为认可施工人报送的结算数额。[①]

简短回顾

建设工程造价是指建成一项工程,预计或实际在土地市场、设备市场、技术劳务市场,以及承发包市场等交易活动中所形成建设工程的价格。工程造价咨询企业,是指接受委托对建设项目投资、工程造价的确定与控制提供专业咨询服务的企业。我国对工程造价咨询企业实行资质管理制度。注册造价工程师是从事工程造价活动的专业人员。我国对注册造价工程师实行资格管理制度。建设工程造价的计价依据有两种,即定额计价方式和工程量清单计价方式。工程量清单计价方式更符合市场经济规律的要求。建设工程造价的计价过程主要分为 6 个阶段。竣工结算是施工单位和建设单位的共同事务,而竣工决算则是建设单位单方面的事务。

复习思考

7.1　工程造价咨询企业的资质有哪些等级?

7.2　工程造价咨询企业的业务范围有哪些?

7.3　请列举注册造价工程师的业务范围。

7.4　注册造价工程师在执业活动中享有哪些权利和负有哪些义务?

7.5　建设工程造价的计价依据有哪些?

7.6　在建设工程造价中合同价格都有哪些形式?

7.7　竣工结算与竣工决算有何不同?

---

① 参见宋宗宇,王耀东.送审价作为工程结算价款规则的法律分析——评法释〔2004〕14 号司法解释第 20 条[J].建筑经济,2010(4).

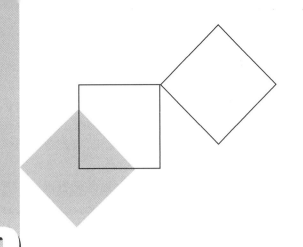

8 建设工程质量管理法规

本章导读:

甲公司将某住宅小区工程发包给乙公司承建。工程竣工验收后乙公司将工程移交给甲公司,甲公司也将该小区房屋顺利交付给了业主。但是,在房屋交付给业主后不到半年,该小区1号101室业主以及2号102室业主,以甲公司所售房屋存在渗水等质量问题造成房屋内装修损害为由,分别向法院提起诉讼,要求甲公司赔偿装修损失。甲公司依据法院判决分别向两户业主作出了赔偿后,又以乙公司施工存在质量问题为由提起诉讼,请求法院判令乙公司承担因房屋施工质量问题造成甲公司赔偿的装修损失。本案中,两户业主为什么要求甲公司赔偿损失,而不是直接要求乙公司赔偿损失?如果法院经审理认定是因乙公司施工不当造成的质量问题,乙公司是否应承担责任?若不是乙公司的原因而是设计单位的设计存在缺陷导致工程质量问题,甲公司应向谁主张权利?若该工程在质量保修期内,该房屋应由谁来返修,由此产生的返修费用应由谁来承担?此外,哪些部门应当对建设工程质量承担监督管理的职责?哪些机构可以对工程的质量进行检测?如何对工程进行竣工验收?如果您对这些问题感到疑惑,相信将能够从本章的学习中寻找到答案。

8.1 建设工程质量管理法规概述

8.1.1 建设工程质量的含义

通常而言,建设工程质量是指建设工程是否符合国家有关法律、法规、技术标准规定的以及合同约定的对建设工程在适用、安全、经济、美观等方面的要求。影响建设工工程质量须符合法规的规定和合同的约定。

程质量的因素有很多,如气象、水文、设计、材料等,归纳起来主要有人、材料、机械、方法和环境5个方面。建设工程的质量是由形成工程实体的工作过程中的勘察、设计、施工等每一个环节所决定的,换句话说,建设工程的质量是勘察、设计、施工、监理等单位各个环节工作质量的综合体现。

纵向——行政管理关系;横向——合同关系。

建设工程质量管理法规主要调整两个方面的社会关系:一个方面是调整国家主管机关与参建单位之间的管理与被管理的关系,这是一种行政管理关系;另一个方面是各参建单位之间的合同关系,这是一种平等民事主体之间的社会关系。根据法规调整对象的区别以及工程实体阶段的不同,我国建设工程质量管理法规主要规定了建设工程质量监督管理制度、质量检测制度、竣工验收制度、质量保修制度以及质量责任制度。

8.1.2　建设工程质量管理法规体系

当前,在建设工程施工质量管理领域,我国已经形成了以《建筑法》《建设工程质量管理条例》(2019年修正)为核心,以大量相关部委的行政规章、地方性法规、地方政府规章以及国家标准为主体的建设工程质量管理法律体系。这些行政规章主要有《建设工程质量检测管理办法》《房屋建筑工程质量保修办法》《房屋建筑工程和市政基础设施工程竣工验收备案管理暂行办法》《民用建筑工程节能质量监督管理办法》等。国家标准主要有《建筑工程施工质量验收统一标准》(GB 50300—2013)、《建筑地基基础工程施工质量验收标准》(GB 50202—2018)、《砌体结构工程施工质量验收规范》(GB 50203—2011)、《混凝土结构工程施工质量验收规范》(GB 50204—2015)、《钢结构工程施工质量验收标准》(GB 50205—2020)、《木结构工程施工质量验收规范》(GB 50206—2012)、《屋面工程质量验收规范》(GB 50207—2012)、《建筑地面工程施工质量验收规范》(GB 50209—2010),以及《地下防水工程质量验收规范》(GB 50208—2011)等。

8.2　建设工程质量监督管理制度

8.2.1　建设工程质量监督管理部门

建设工程质量监督管理,是指建设行政主管部门或其委托的建设工程质量监督机构,依法对各参建单位的行为以及工程实体质量进行监督检查的行为。进行建设工程质量的监督管理,首先得确定监督管理的主体。我国建设工程质量监督管理的主体大概有两类,一类是相关行政管理机关,另一类则是受行政机关委托的具有独立法人资格的建设工程质量监督管理机构。

1)相关行政管理机关

负责对全国的建设工程质量实施统一监督管理的行政机关是国务院建设行政主管部门,在国务院机构改革之后即为住建部。国务院铁路、交通、水利等有关部门按照各自的职责分工,负责对全国的有关专业建设工程质量的监督管理。县级以上地方人民政府建设行政主管部门对本行政区域内的建设工程质量实施监督管理。县级以上地方人民政府交通、水利等有关部门在各自的职责范围内,负责对本行政区域内的专业建设工程质量的监督管理。另外,国务院发展计划部门可以按照国务院规定的职责,组织稽查特派员对国家出资的重大建设项目实施监督检查;国务院经济贸易主管部门按照国务院规定的职责,对国家重大技术改造项目实施监督检查。

2)建设工程质量监督管理机构

由于建设工程质量监督管理是一项复杂、繁重、专业的工作,政府部门不可能有庞大的机构人员来进行日常工作,而且全部由政府部门来从事如此琐碎而又专业的工作显然是不经济的。因此,建设工程质量监督管理可以由建设行政主管部门或者其他有关部门委托的建设工程质量监督机构具体实施。建设工程质量监督机构是具有独立法人资格的市场经营实体。根据《建设工程质量管理条例》的规定,从事房屋建筑工程和市政基础设施工程质量监督的机构,必须按照国家有关规定,经国务院建设行政主管部门或者省、自治区、直辖市人民政府建设行政主管部门考核;从事专业建设工程质量监督的机构,必须按照国家有关规定,经国务院有关部门或者省、自治区、直辖市人民政府有关部门考核。经考核合格后,方可实施质量监督。

8.2.2　建设工程质量事故报告制度

为维护国家财产和人民生命安全,确保建设工程重大事故及时报告和顺利调查,我国确立了工程质量事故报告制度。建设工程发生质量事故后,有关单位应当在24小时内向当地建设行政主管部门和其他有关部门报告。对于重大事故或特大事故,事故发生地的建设行政主管部门和其他有关部门,还应当按照事故类别和等级向当地人民政府和上级建设行政主管部门以及其他有关部门报告。特别重大质量事故的调查程序按照国务院有关规定执行。

8.3　建设工程质量检测制度

8.3.1　建设工程质量检测的法律依据

建设工程质量检测,是指工程质量检测机构接受委托,依据国家有关法律、法规和工程建设标准,对涉及结构安全项目的抽样检测,以及对进入施工现场的建筑材料、构配件的见证取样检测。为了加强对建设工程质量检测的管理,建设部发布了《建设工程质量检测管理办法》(自2023年3月1日起施行)。该办法所称建设工程质量检测,是指在新建、扩建、改建房屋建筑和市政基础设施工程活动中,建设工程质量检测机构(以下简称"检测机构")接受委托,依据国家有关法律、法规和标准,对建设工程涉及结构安全、主要使用功能的检测项目,进入施工现场的建筑材料、建筑构配件、设备,以及工程实体质量等进行的检测。

8.3.2　建设工程质量检测机构

申请检测机构资质的单位应当是具有独立法人资格的企业、事业单位，或者依法设立的合伙企业，并应具备相应的人员、仪器设备、检测场所、质量保证体系等条件。检测机构资质分为综合类资质、专项类资质，机构资质标准和业务范围，由国务院住房和城乡建设主管部门制定。

8.3.3　建设工程质量检测活动管理

检测机构与所检测建设工程相关的建设、施工、监理单位，以及建筑材料、建筑构配件和设备供应单位不得有隶属关系或者其他利害关系。检测机构及其工作人员不得推荐或者监制建筑材料、建筑构配件和设备。

检测机构对其检测报告负责。

检测机构不得有下列行为：超出资质许可范围从事建设工程质量检测活动；转包或者违法分包建设工程质量检测业务；涂改、倒卖、出租、出借或者以其他形式非法转让资质证书；违反工程建设强制性标准进行检测；使用不能满足所开展建设工程质量检测活动要求的检测人员或者仪器设备；出具虚假的检测数据或者检测报告。

检测人员不得有下列行为：同时受聘于两家或者两家以上检测机构；违反工程建设强制性标准进行检测；出具虚假的检测数据；违反工程建设强制性标准进行结论判定或者出具虚假判定结论。

检测机构或检测人员具有上述行为的，由县级以上地方人民政府住房和城乡建设主管部门责令改正、罚款；构成犯罪的，依法追究刑事责任。

8.4　建设工程竣工验收制度

8.4.1　竣工验收的法律依据

建设工程竣工验收制度是增强政府监督管理，并防止不合格工程流向社会的一个重要手段。

建设工程的竣工验收，是指在建设工程完工后、投入使用前，对工程质量情况、执行国家和行业强制性标准情况，投资使用情况等事项进行的全面检查验收，以及对工程建设、设计、施工、监理等工作进行的综合评价。建设工程竣工验收是全面考核工程建设成果和工程质量的重要步骤，主要通过审查施工单位提供的质量证明材料和质量监督机构的监督报告来完成，防止有存在安全隐患或主要使用功能无法保证的工程交付使用。

当前，我国除了《建筑法》《建设工程质量管理条例》对建设工程竣工验收进行规范，在不同的专业领域还有一些关于工程竣工验收专门的规范性法律文件。这些文件有：1996 年信息产业部发布的《邮电通信建设工程竣工验收办法》，1997 年化学工业部发布的《化工建设项目竣工验收实施办法》，2004 年农业部发布的《农业基本建设项目竣工验收管理规定》,2005 年国家林业局发布的《林业建设项目竣工验收实施细则》,2008 年铁道部修订的《铁路建设项目竣工验收交接办法》,2009 年住建部修正的《房屋建筑和市政基础设施工程竣工验收备案管理办法》,2019 年交通运输部修订的《港口工程建设管理规定》,2019 年交通运输部发布的《航道工程建设管理规定》等。

8.4.2 竣工验收的条件

建设单位在收到建设工程竣工报告后应当组织设计、施工、工程监理等有关单位进行竣工验收。通常情况下,建设工程竣工验收应具备下列基本条件:

①完成建设工程设计和合同约定的各项内容。

②有完整的技术档案和施工管理资料。

③有工程使用的主要建筑材料、建筑构配件和设备的进场试验报告。

④有勘察、设计、施工、工程监理等单位分别签署的质量合格文件。

⑤有施工单位签署的工程保修书。

建设工程验收合格的方可交付使用,不合格的工程不予验收,并且对遗留的问题应提出具体解决意见,限期落实解决。

> 竣工验收应具备五个基本条件。

8.4.3 竣工验收的程序

建设工程竣工验收通常要经历如下步骤:

(1)施工单位进行竣工预验收

竣工预验是指工程项目完工后、要求监理工程师验收前,由施工单位自行组织的内部模拟验收。预验是顺利通过正式验收的可靠保证,一般也邀请监理工程师参加。

(2)施工单位向监理单位送交验收申请报告

施工单位决定正式提请验收后向监理单位送交验收申请报告,监理工程师收到验收申请报告后参照工程合同要求、验收标准等进行仔细审查。

(3)监理工程师根据申请报告做现场初验

监理工程师审查完验收申请报告后,若认为可以验收,则应由监理人员组成验收班子对竣工的工程项目进行初验。在初验中如发现质量问题,应及时以书面通知或备忘录的形式通知施工单位,并令其按有关的质量要求进行修理甚至返工。

(4)相关单位正式竣工验收

在监理工程师初验合格的基础上,一般由建设单位牵头,组织设计单位、施工单位、工程监理单位,以及质量监督站、消防、环保等行政部门参加,在规定的时间内正式验收。正式的竣工验收书必须有建设单位、施工单位、监理单位等各方签字方为有效。

> 工程验收包括两个部分:工程实体的验收和工程资料的验收。

8.4.4　竣工验收备案制度

竣工验收备案制度,是指建设单位自竣工验收合格之日起一定时限内,应提交有关材料向相关主管部门备案的制度。这一制度改变了以往由行政机关主导竣工验收的模式,理顺了市场经济条件下政府、质监部门和建设单位、监理单位、施工单位等参与各方在工程质量管理上的相互关系,强调了建设单位的竣工验收责任,有利于强化市场主体的质量意识和风险意识。

根据不同的专业项目,建设单位应在完成竣工验收一定期限内向不同的主管部门备案。例如,航道工程和港口工程通常应向交通部门备案,防雷装置工程应向气象部门备案,农业基本建设项目应向农业部门备案,房屋建筑和市政基础设施工程应向住房城乡建设主管部门备案。当前,只有《房屋建筑和市政基础设施工程竣工验收备案管理办法》(2009 年修正)对房屋建筑和市政基础设施工程的竣工验收备案进行了系统而专门的规定,其他专业尚无专门的验收备案的规定。

8.5　建设工程质量保修制度

建设工程质量保修制度,是指对建设工程在竣工验收后、保修期限内出现的质量缺陷予以修复的法律制度。所谓质量缺陷,是指建设工程的质量不符合工程建设强制性标准以及合同的约定。我国《建筑法》和《建设工程质量管理条例》都专门规定了质量保修制度。2000 年原建设部发布的《房屋建筑工程质量保修办法》对房屋建筑工程的质量保修问题进行了专门的规定,其他专业的质量保修尚无专门的规定,这对于落实建设工程质量保修制度具有重要意义。

8.5.1　保修范围及保修期限

> 国家为什么要对某些工程规定最低保修期限?

建设工程质量保修的范围及保修期限,由建设单位和施工单位在合同或质量保修书中约定,但是双方约定的保修范围、保修期限必须符合国家有关规定。在我国,国家对某些项目的最低保修期限有强制性规定,建设单位和施工单位约定的保修期限不得违反有关强制性规定。在正常使用条件下,建设工程的最低保修期限分为以下几种:

①基础设施工程、房屋建筑的地基基础工程和主体结构工程,为设计文件规定的该工程的合理使用年限。

②屋面防水工程,有防水要求的卫生间、房间,以及外墙面的防渗漏为 5 年。

③供热与供冷系统为 2 个采暖期、供冷期。

④电气管线、给排水管道、设备安装以及装修工程为 2 年。

⑤其他项目的保修期限由建设单位和施工单位约定。

以上为国家要求的最低保修期限,建设单位和施工单位可以约定更长的保修期限。建设工程的保修期限自竣工验收合格之日起计算。需要注意的是,下列情况不属于保修范围:一是因使用不当或者由第三方造成的质量缺陷,二是因不可抗力造成的质量缺陷。

8.5.2　保修的实施与责任承担

建设工程在保修期限内出现质量缺陷,建设单位或者工程所有人应当向施工单位发出保修通知。施工单位接到保修通知后应当到现场核查情况,并在保修书约定的时间内予以保修。发生涉及结构安全或者严重影响使用功能的紧急抢修事故,施工单位接到保修通知后应当立即到达现场抢修。发生涉及结构安全的质量缺陷时,建设单位或者工程所有人应当立即向当地建设行政主管部门报告,并采取安全防范措施,由原设计单位或者具有相应资质等级的设计单位提出保修方案,施工单位实施保修,原工程质量监督机构则负责监督。

保修完成后,由建设单位或者工程所有人组织验收。涉及结构安全的,应当报当地建设行政主管部门备案。施工单位不按工程质量保修书约定保修的,建设单位可以另行委托其他单位保修,由原施工单位承担相应责任,保修费用由质量缺陷的责任方承担。这里的责任方并不仅仅指施工单位,还可能包括勘察、设计、监理等单位。在保修期限内,因工程质量缺陷造成工程所有人、使用人或者第三方人身和财产损害的,工程所有人、使用人或者第三方可以向建设单位提出赔偿要求。建设单位赔偿后可以向造成工程质量缺陷的责任方追偿。因保修不及时造成新的人身、财产损害,由造成拖延的责任方承担赔偿责任。

> 谁是造成缺陷的责任主体,就由谁承担保修费用。

8.5.3　建设工程质量保证金

建设工程质量保证金,也称建设工程质量保修金,是指发包人与承包人在建设工程承包合同中约定的,从应付的工程款中预留,用以保证承包人在缺陷责任期内对建设工程出现的缺陷进行维修的资金。这里所指的缺陷是指建设工程质量不符合工程建设强制性标准、设计文件以及承包合同约定的情况。保证金预留、返还方式,预留比例、期限,是否计付利息,缺陷责任期的期限及计算方式等事项由发包人和承包人在合同中约定。需要注意的是,采用工程质量保证担保、工程质量保险等其他保证方式的,发包人一般不得再预留保证金,应当按照有关规定执行。

根据 2017 年 6 月 20 日住房和城乡建设部、财政部发布的《建设工程质量保证金管理办法》,缺陷责任期一般为 1 年,最长不超过 2 年,由发、承包双方在合同中约定。建设工程竣工结算后,发包人应按照合同约定,及时向承包人支付工程结算价款并预留保证金。保证金总预留比例不得高于工程价款结算总额的 3%。合同约定由承包人以银行保函替代预留保证金的,保函金额不得高于工程价款结算总额的 3%。缺陷责任期内,由承包人原因造成的缺陷,承包人应负责维修并承担鉴定及维修费用。如承包人不维修也不承担费用,发包人可按合同约定扣除保证金,并由承包人承担违约责任。由他人原因造成的缺陷,发包人负责组织维修,承包人不承担费用,且发包人不得从保证金中扣除费用。缺陷责任期内,承包人认真履行合同约定的责任,到期后,承包人可以向

> 如果没有出现质量缺陷,保证金应当退还。

> 如果缺陷不可归因于承包人,保证金应当退还。

发包人申请返还保证金。

8.6 建设工程质量责任制度

高质量完成建设工程,不仅涉及国家行政管理部门的监督管理,更依赖于勘察、设计、施工、监理等工程直接参与者切实履行自己的质量义务。习惯上也将工程参与者承担的这些质量义务称为质量责任。

8.6.1 建设单位的质量责任

(1)对建设工程质量负总责

建设单位既是工程建设活动的投资者,也是工程建设活动的组织者,参与工程建设活动的勘察、设计、施工、监理等单位都是建设单位选择的,因此建设单位应对建设工程的质量负总责。因建设工程质量问题造成业主损害的,应由建设单位对业主承担责任,建设单位承担责任后可以依法向造成质量缺陷的其他参建单位追偿。

(2)依法发包工程

建设单位应当将工程发包给具有相应资质等级的单位,并不得将建设工程肢解发包,不得迫使承包方以低于成本的价格竞标。

(3)依法采购合格的材料和设备

按照合同约定,由建设单位采购建筑材料、建筑构配件和设备的,建设单位应当保证建筑材料、建筑构配件和设备符合设计文件和合同的要求。

(4)不得对建设活动进行不合理的干预

建设单位不得任意压缩合理工期,不得明示或者暗示设计单位或施工单位违反工程建设强制性标准降低工程质量,也不得明示或者暗示施工单位使用不合格的建筑材料、建筑构配件和设备。

(5)提供翔实的原始资料

建设单位必须向有关的勘察、设计、施工、工程监理等单位提供与建设工程有关的原始资料。原始资料必须真实、准确、齐全。

(6)履行施工图审查义务

建设单位应当将施工图设计文件报县级以上人民政府建设行政主管部门或者其他有关部门审查。施工图设计文件未经审查批准的,不得使用。

(7)依法委托监理

对于实行监理的建设工程,建设单位应当委托具有相应资质等级的工程监理单位进行监理,也可以委托具有工程监理相应资质等级并与被监理工程的施工承包单位没有隶属关系或者其他利害关系的该工程的设计单位进行监理。

(8)办理质量监督手续

建设单位在领取施工许可证或者开工报告前,应当按照国家有关规定办理工程质量监督手续。

（9）依法组织竣工验收

建设单位收到建设工程竣工报告后,应当组织设计、施工、工程监理等有关单位进行竣工验收。建设工程经验收合格的,方可交付使用。

（10）依法装修

涉及建筑主体和承重结构变动的装修工程,建设单位应当在施工前委托原设计单位或者具有相应资质等级的设计单位提出设计方案;没有设计方案的,不得施工。房屋建筑使用者在装修过程中,不得擅自变动房屋建筑主体和承重结构。

（11）建立健全档案制度

建设单位应当严格按照国家有关档案管理的规定,及时收集、整理建设项目各环节的文件资料,建立、健全建设项目档案,并在建设工程竣工验收后,及时向建设行政主管部门或者其他有关部门移交建设项目档案。

8.6.2　勘察、设计单位的质量责任

（1）依法承揽业务

勘察、设计单位应当在其资质等级许可的范围内承揽工程。禁止勘察、设计单位超越其资质等级许可的范围,或者以其他勘察、设计单位的名义承揽工程。禁止勘察、设计单位允许其他单位或者个人以本单位的名义承揽工程。勘察、设计单位不得转包或者违法分包所承揽的工程。

（2）对勘察、设计质量负责

勘察、设计单位必须按照工程建设强制性标准进行勘察、设计,并对其勘察、设计的质量负责。注册建筑师、注册结构工程师等注册执业人员应当在设计文件上签字,对设计文件负责。

（3）详细说明设计文件

设计单位应当就审查合格的施工图设计文件向施工单位作出详细说明。

（4）参与事故分析与处理

设计单位应当参与建设工程质量事故分析,并对因设计造成的质量事故提出相应的技术处理方案。

8.6.3　施工单位的质量责任

（1）对施工质量负责

建设工程实行总承包的,总承包单位应当对全部建设工程质量负责;建设工程勘察、设计、施工、设备采购的一项或者多项实行总承包的,总承包单位应当对其承包的建设工程或者采购的设备的质量负责。总承包单位依法将建设工程分包给其他单位的,分包单位应当按照分包合同的约定对其分包工程的质量向总承包单位负责,总承包单位与分包单位对分包工程的质量承担连带责任。

> 分包单位对总承包单位负责;
> 分包单位和总承包单位对分包工程质量承担连带责任。

（2）依法承揽工程

施工单位应当依法取得相应等级的资质证书，并在其资质等级许可的范围内承揽工程。禁止施工单位超越本单位资质等级许可的业务范围，或者以其他施工单位的名义承揽工程。禁止施工单位允许其他单位或者个人以本单位的名义承揽工程。施工单位不得转包或者违法分包工程。

（3）严格按图施工

施工单位必须按照工程设计图纸和施工技术标准施工，不得擅自修改工程设计，不得偷工减料。在施工过程中发现设计文件和图纸有差错的，应当及时提出意见和建议。施工单位必须按照工程设计要求、施工技术标准和合同约定，对建筑材料、建筑构配件、设备和商品混凝土进行检验，检验应当有书面记录和专人签字，未经检验或者检验不合格的不得使用。

（4）建立健全质量检测制度

施工单位必须建立、健全施工质量的检验制度，严格工序管理，作好隐蔽工程的质量检查和记录。隐蔽工程在隐蔽前，施工单位应当通知建设单位和建设工程质量监督机构。施工人员对涉及结构安全的试块、试件以及有关材料，应当在建设单位或者工程监理单位监督下现场取样，并送交具有相应资质等级的质量检测单位进行检测。

（5）返修义务

施工单位对施工中出现质量问题的建设工程或者竣工验收不合格的建设工程，应当负责返修。

8.6.4　监理单位的质量责任

（1）对施工质量承担监理责任

工程监理单位应当依据法律、法规以及有关技术标准、设计文件和建设工程承包合同，代表建设单位对施工质量实施监理，并对施工质量承担监理责任。

（2）依法承揽工程监理业务

工程监理单位应当依法取得相应等级的资质证书，并在其资质等级许可的范围内承担工程监理业务。禁止工程监理单位超越本单位资质等级许可的范围或者以其他工程监理单位的名义承担工程监理业务。禁止工程监理单位允许其他单位或者个人以本单位的名义承担工程监理业务。工程监理单位不得转让工程监理业务。

（3）遵守回避制度

工程监理单位与被监理的施工承包单位以及建筑材料、建筑构配件和设备供应单位有隶属关系或者其他利害关系的，不得承担该项建设工程的监理业务。

（4）加强工程质量控制和工程现场管理

未经监理工程师签字，建筑材料、建筑构配件和设备不得在工程上使用或者安装，且施工单位不得进行下一道工序的施工。未经总监理工程师签字，建设单位不拨付工程款，也不进行竣工验收。监理工程师应当按照工程监理规范的要求，采取旁站、巡视和平行检验等形式，对建设工程实施监理。

【延伸阅读】

肢解发包造成建设工程质量问题谁来承担责任

甲方与乙方签订了一份《工程总承包合同》,约定由乙方总承包甲方开发的某小区施工工程。合同约定:甲方可以指定分包大部分安装工程和一部分土建工程,分包人的任何违约或疏忽,均视为总包人乙方的违约或疏忽。合同签订后,甲方先后将包括塑钢门窗、铸铁栏杆、防水卷材在内的24项工程分包出去。然而,由于施工过程中甲乙双方对某些工程"可以指定分包"的理解发生争执,指定分包人购买的建筑材料、建筑构配件、设备不符合强制性标准,导致该工程存在严重的质量问题。乙方遂起诉到人民法院,要求甲方给付工程款并赔偿损失。法院审理后认为,分包项目都在或应在总承包项目中,在没有取得乙方同意的情况下甲方就擅自剥离、直接发包,并非真正意义的指定分包而是肢解发包。由于甲方的肢解发包行为,使乙方与其他施工单位无分包合同关系,无法约束这些单位的行为,乙方仅在自己的施工范围内承担责任。遂判决甲方支付拖欠工程款并赔偿给乙方造成的经济损失。

肢解发包是指将应当由一个承包单位整体承包的工程,肢解成若干部分发包给几个承包人。在工程建设中,一些发包单位将应当由一个承包单位整体承包的工程,肢解成若干部分分别发包给几个承包单位,使整个工程建设在管理和技术上缺乏应有的统筹和协调,往往造成施工现场秩序混乱,责任不清,严重影响工程建设的质量,出现问题也很难找到责任者。而且,从实际情况看,肢解发包往往与发包单位的工作人员徇私舞弊、利用肢解发包收受贿赂有关。肢解发包在当前建筑市场中多有发生且危害较大,因此,有关法规规定发包人不得将应当由一个承包人完成的建设工程肢解成若干部分发包给几个承包人,否则因此造成质量问题的,发包人要承担相应的质量责任。

【案例分析】

总承包商对分包工程质量与分包商承担连带责任

2007年10月15日,雅鼎公司与华新公司签订了一份《建设工程施工合同》,约定雅鼎公司将厂房发包给华新公司施工,华新公司在质量保修期内承担工程质量保修责任,屋面防水工程的质量保修期为5年。2007年10月28日,华新公司将厂房钢结构金属彩钢瓦屋顶分包给一帆公司,质量保修期为工程竣工验收合格之日起1年。

2008年8月5日,钢结构金属彩钢瓦屋顶通过竣工验收。2011年7月,雅鼎公司发现厂房屋面的部分夹心板出现大面积腐烂生锈,要求华新公司按照工程质量保修书规定派人维修,但华新公司未派人维修,雅鼎公司遂将华新公司、一帆公司起诉至法院。

法院审理后认为,我国《建筑法》第55条规定:"建筑工程实行总承包的,工程质量由工程总承包单位负责,总承包单位将建筑工程分包给其他单位的,应当对分包工程的质量与分包单位承担连带责任。分包单位应当接受总承包单位的质量管理。"雅鼎公司将厂房工程发包给华新公司施工,华新公司再将厂房钢结构金属彩钢瓦屋顶分包给一帆公司施工的事实清楚,华新公司与一帆公司关于屋顶质量保修期为1年的约定不能对抗雅鼎公司,且该约定违反了我国《建筑法》第62条和《建设工程质量管理条例》第40条关于屋面防水工程最低保修期限为5年的强制性规定,应属无效,屋顶彩钢夹心板出现质量问题应由华新公司、一帆公司承担连带责任,遂判决一帆公司向雅鼎公司支付返修费用 1 903 654.05 元,华新公司承担连带责任。①

简短回顾

我国建设工程质量监督管理的主体主要有两类,一类是相关行政机关,另一类则是受行政机关委托的具有独立法人资格的建设工程质量监督管理机构。建设工程质量检测是指工程质量检测机构接受委托,依据国家有关法律、法规和工程建设强制性标准,对涉及结构安全项目的抽样检测和对进入施工现场的建筑材料、构配件的见证取样检测。检测机构是具有独立法人资格的中介机构,并应当取得相应的资质。建设工程的竣工验收,是指在建设工程完工后、投入使用前,对工程质量、执行国家和行业强制性标准情况、投资使用情况等进行全面检查验收,以及对工程建设、设计、施工、监理等工作进行综合评价。建设工程质量保修制度,是指对建设工程竣工验收后在保修期限内出现的质量缺陷予以修复的法律制度。各参建单位违反有关规定造成工程质量问题的,要承当相应的质量责任。

复习思考

8.1 建设工程质量监督管理机构的职责有哪些?

8.2 建设工程质量检测机构和检测人员的禁止行为有哪些?

8.3 建设工程最低保修期限有哪些强制性规定?

8.4 在保修期限内发现质量问题应由哪个单位负责返修?

8.5 建设单位负有哪些质量责任?

8.6 施工单位负有哪些质量责任?

---

① 参见浙江省杭州市中级人民法(2014)浙杭民再字第 7 号民事判决书。

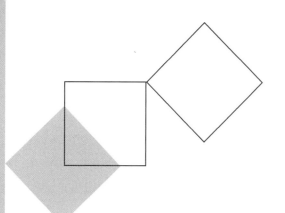

9 建设工程安全生产管理法规

本章导读：

被告某市政工程公司承担了百川湖的清淤排污工程。污水管道清理结束后，施工人员将一些草袋覆盖在裸露于地面的污水管口上，并没有在旁边作出醒目的标志提醒路人。某天清晨，吴某到湖边散步，不慎踩在草袋上跌入了污水管中，造成肋骨、胸骨骨折及多处软组织受伤，花费医疗费两万余元。吴某起诉至法院要求被告赔偿医疗费、护理费、误工费及后续治疗费等费用共计七万余元。在本案中，市政工程公司是否履行了安全警示义务？法院是否应当支持吴某的诉讼请求？此外，安全生产以及安全生产许可证制度有什么重要意义？在工程建设活动中参建单位负有怎样的安全义务？在发生生产安全事故时应当如何处理？如果您对这些问题感到疑惑，相信能够从本章学习中寻找到答案。

9.1 建设工程安全生产管理法规概述

9.1.1 建设工程安全生产管理的含义

建设工程安全生产管理，是指为保证建设工程生产安全而进行的计划、组织、指挥、协调和控制的一系列管理活动。其目的在于保护职工在生产过程中的安全与健康，保证国家、集体和个人的财产安全，保证建设工程生产任务的顺利完成。建设生产活动多为露天、高空作业，且施工延续时间长，大型机械多，易燃材料物资多，人员数量多，不安全因素多,是危险性大、事故发生多的行业,每年因安全事故发生的死亡人数仅次于采矿业,居各行业的第二位,因此,加强建筑工程安全生产管理具有重要意义。

建设工程安全生产管理包括:建设行政主管部门对建筑活动中的安全生产管理;劳动行政主管部门对建设活动中安全生产的综合性监督管理;从事建设活动的主体(包括建筑施工企业、勘察单位、设计单位、监理单位和建设单位)为保证建设生产活动安全所进行的自我管理和相互监督。建设单位、勘察单位、设计单位、施工单位、工程监理单位及其他与建设工程安全生产有关的单位,必须遵守安全生产法律法规的规定,保证建设工程安全生产,依法承担建设工程安全生产责任。

> 建设工程安全生产管理不仅包括行政管理,同时也包括参建单位的自身管理。

9.1.2　建设工程安全生产管理法规体系

当前,我国已经形成了包括法律、行政法规、部委规章以及大量地方性法规和行业标准在内的比较完备的建设工程安全管理法规体系。在法律层面,主要有《建筑法》、《安全生产法》(2021年修正)、《民法典》;在行政法规层面,主要有国务院发布的《建设工程安全生产管理条例》《安全生产许可证条例》《生产安全事故报告和调查处理条例》;在部委规章层面,主要有国务院建设行政主管部门发布的《建设领域安全生产行政责任规定》《建筑施工企业安全生产许可证管理规定》《房屋建筑和市政基础设施工程施工安全监督规定》《建筑施工企业安全生产管理机构设置及专职安全生产管理人员配备办法》《建筑施工企业安全生产许可证动态监管暂行办法》,国家安全生产监督管理部门发布的《注册安全工程师管理规定》《应急管理行政裁量权基准暂行规定》《生产安全事故罚款处罚规定》《关于生产安全事故调查处理中有关问题的规定》《生产经营单位瞒报谎报事故行为查处办法》《关于生产安全事故认定若干意见问题的函》。此外,住建部发布的《施工企业安全生产评价标准》(JGJ/T 77—2010)对于施工企业的安全生产管理也具有重要意义。

9.2　建筑施工企业安全生产许可制度

9.2.1　建筑施工企业安全生产许可的法律依据

> 安全生产许可证制度的作用:其一,预防事故;其二,减少损失。

为了严格规范建筑施工企业安全生产条件,进一步加强安全生产监督管理,防止和减少生产安全事故,我国对建筑施工企业实行安全生产许可制度。建筑施工企业未取得安全生产许可证的,不得从事建筑施工活动。这里所称的建筑施工企业,是指从事土木工程、建筑工程、线路管道和设备安装工程及装修工程的新建、扩建、改建和拆除等有关活动的企业。《安全生产许可证条例》(2014年修订)、《建设工程安全生产管理条例》和《建筑施工企业安全生产许可证管理规定》对建筑施工企业安全生产许可制度进行了专门规范。为强化建筑施工企业安全生产许可证动态监管,促进施工企业保持和改善安全生产条件,控制和减少生产安全事故,2008年住建部发布了《建筑施工企业安全生产许可证动态监管暂行办法》,该办法进一步完善了我国建筑施工企业安全生产许可制度。

9.2.2 取得安全生产许可证的条件

建筑施工企业取得安全生产许可证,应当具备下列安全生产条件:

①建立、健全安全生产责任制,制定完备的安全生产规章制度和操作规程。

②保证本单位安全生产条件所需资金的投入。

③设置安全生产管理机构,按照国家有关规定配备专职安全生产管理人员。

④主要负责人、项目负责人、专职安全生产管理人员经住房城乡建设主管部门或者其他有关部门考核合格。

⑤特种作业人员经有关业务主管部门考核合格,取得特种作业操作资格证书。

⑥管理人员和作业人员每年至少进行一次安全生产教育培训并考核合格。

⑦依法参加工伤保险,依法为施工现场从事危险作业的人员办理意外伤害保险,为从业人员交纳保险费。

⑧施工现场的办公、生活区及作业场所,安全防护用具、机械设备、施工机具及配件符合有关安全生产法律、法规、标准和规程的要求。

⑨有职业危害防治措施,并为作业人员配备符合国家标准或者行业标准的安全防护用具和安全防护服装。

⑩有对危险性较大的分部分项工程及施工现场易发生重大事故的部位和环节的预防、监控措施和应急预案。

⑪有生产安全事故应急救援预案、应急救援组织或者应急救援人员,配备必要的应急救援器材、设备。

⑫法律、法规规定的其他条件。

9.2.3 安全生产许可证的申请与颁发

建筑施工企业从事建筑施工活动前,应当向住房城乡建设主管部门申请领取安全生产许可证。中央管理的建筑施工企业应当向国务院住房城乡建设主管部门申请领取安全生产许可证。其他建筑施工企业,包括中央管理的建筑施工企业下属的建筑施工企业,应当向企业注册所在地省、自治区、直辖市人民政府住房城乡建设主管部门申请领取安全生产许可证。

住房城乡建设主管部门应当自受理建筑施工企业的申请之日起 45 日内审查完毕,经审查符合安全生产条件的,颁发安全生产许可证;不符合安全生产条件的,不予颁发安全生产许可证,书面通知企业并说明理由。企业自接到通知之日起应当进行整改,整改合格后方可再次提出申请。住房城乡建设主管部门审查建筑施工企业安全生产许可证申请,涉及铁路、交通、水利等有关专业工程时,可以征求铁路、交通、水利等有关部门的意见。

安全生产许可证的有效期为 3 年。安全生产许可证有效期满需要延期的,企业应当于期满前 3 个月向原安全生产许可证颁发管理机关申请办理延期手续。企业在安全生产许可证有效期内严格遵守有关安全生产的法律法规,未发生死亡事故的,安全生产许可证有效期届满时,经原安全生产许可证颁发管理机关同意,不再审查,安全生产许可证有效期延期 3 年。

9.2.4　安全生产许可证的监督管理

必须先取得安全生产许可证,才能申请施工许可证。

住房城乡建设主管部门在审核发放施工许可证时,应当对已经确定的建筑施工企业是否有安全生产许可证进行审查,对没有取得安全生产许可证的,不得颁发施工许可证。安全生产许可证颁发管理机关应当建立、健全安全生产许可证档案管理制度,定期向社会公布企业取得安全生产许可证的情况,每年向同级安全生产监督管理部门通报建筑施工企业安全生产许可证颁发和管理情况。

施工企业在取得安全生产许可证后,依然要接受主管部门的监督检查。

建筑施工企业取得安全生产许可证后,不得降低安全生产条件,并应当加强日常安全生产管理,接受住房城乡建设主管部门的监督检查。建筑施工企业不得转让、冒用安全生产许可证或者使用伪造的安全生产许可证。安全生产许可证颁发管理机关发现企业不再具备安全生产条件的,应当暂扣或者吊销安全生产许可证。暂扣和吊销安全生产许可证的情形,适用《建筑施工企业安全生产许可证动态监管暂行办法》的规定。

安全生产许可证颁发管理机关或者其上级行政机关发现有下列情形之一的,可以撤销已经颁发的安全生产许可证:

①安全生产许可证颁发管理机关工作人员滥用职权、玩忽职守颁发安全生产许可证的。

②超越法定职权颁发安全生产许可证的。

③违反法定程序颁发安全生产许可证的。

④对不具备安全生产条件的建筑施工企业颁发安全生产许可证的。

⑤依法可以撤销已经颁发的安全生产许可证的其他情形。

需要注意的是,上述情形下安全生产许可证被撤销并非都是由于施工企业的过错造成的。

9.3　建设单位的安全责任

1) 提供翔实资料的责任

建设单位应当向施工单位提供施工现场及毗邻区域内供水、排水、供电、供气、供热、通信、广播电视等地下管线资料,气象和水文观测资料,相邻建筑物和构筑物、地下工程的有关资料,并保证资料的真实、准确、完整。建设单位因建设工程需要,向有关部门或者单位查询前述规定的资料时,有关部门或者单位应当及时提供。

2) 不得对工程建设进行不合理的干预

建设单位不得对勘察、设计、施工、工程监理等单位提出不符合建设工程安全生产法律、法规和强制性标准规定的要求,不得压缩合同约定的工期。建设单位不得明示或者暗示施工单位购买、租赁、使用不符合安全施工要求的安全防护用具、机械设备、施工机具及配件、消防设施和器材。

3）应当提供安全生产所需的费用

建设单位在编制工程概算时,应当确定建设工程安全作业环境及安全施工措施所需费用。

4）依法向有关部门备案

建设单位在申请领取施工许可证时,应当提供建设工程有关安全施工措施的资料。依法批准开工报告的建设工程,建设单位应当自开工报告批准之日起 15 日内,将保证安全施工的措施报送建设工程所在地的县级以上地方人民政府建设行政主管部门或者其他有关部门备案。建设单位应当将拆除工程发包给具有相应资质等级的施工单位,并应当在拆除工程施工 15 日前,将有关资料报送建设工程所在地的县级以上地方人民政府建设行政主管部门或者其他有关部门备案。

> 为保障安全生产,建设单位应当提供必要的费用。

9.4　勘察、设计、工程监理及其他有关单位的安全责任

9.4.1　勘察单位的安全责任

勘察单位应当按照法律、法规和工程建设强制性标准进行勘察,提供的勘察文件应当真实、准确,满足建设工程安全生产的需要。勘察单位在勘察作业时,应当严格执行操作规程,采取措施保证各类管线、设施和周边建筑物与构筑物的安全。

> 建设工程勘察属于基础性工作,其结果是否科学、准确,对建设工程安全生产有着非常重要的影响。

9.4.2　设计单位的安全责任

设计单位应当按照法律、法规和工程建设强制性标准进行设计,防止因设计不合理导致生产安全事故的发生。设计单位应当考虑施工安全操作和防护的需要,将涉及施工安全的重点部位和环节在设计文件中注明,并对防范生产安全事故提出指导意见。采用新结构、新材料、新工艺的建设工程和特殊结构的建设工程,设计单位应当在设计中提出保障施工作业人员安全和预防生产安全事故的措施建议。设计单位和注册建筑师等注册执业人员应当对其设计负责。

9.4.3　监理单位的安全责任

工程监理单位应当审查施工组织设计中的安全技术措施或者专项施工方案是否符合工程建设强制性标准。工程监理单位在实施监理过程中,发现存在安全事故隐患的,应当要求施工单位整改;情况严重的,应当要求施工单位暂时停止施工,并及时报告建设单位。施工单位拒不整改或者不停止施工的,工程监理单位应当及时向有关主管部门报告。工程监理单位和监理工程师应当按照法律、法规和工程建设强制性标准实施

> 监理单位若未尽到监理职责,也要承担安全责任。

监理,并对建设工程安全生产承担监理责任。

9.4.4　材料供应单位的安全责任

为建设工程提供机械设备和配件的单位,应当按照安全施工的要求配备齐全有效的保险、限位等安全设施和装置。出租的机械设备和施工机具及配件,应当具有生产(制造)许可证、产品合格证。出租单位应当对出租的机械设备和施工机具及配件的安全性能进行检测,在签订租赁协议时,应当出具检测合格证明。禁止出租检测不合格的机械设备和施工机具及配件。

9.4.5　安装自升式架设设施单位的安全责任

在施工现场安装、拆卸施工起重机械和整体提升脚手架、模板等自升式架设设施,必须由具有相应资质的单位承担,并应当编制拆装方案,制订安全施工措施,并由专业技术人员现场监督。安装完毕后,安装单位应当自检,出具自检合格证明,并向施工单位进行安全使用说明,办理验收手续并签字。自升式架设设施的使用达到国家规定的检验检测期限的,必须经具有专业资质的检验检测机构检测。经检测不合格的,不得继续使用。检验检测机构应当出具安全合格证明文件,并对检测结果负责。

9.5　施工单位的安全责任

1)建立健全各项安全生产制度

施工单位主要负责人依法对本单位的安全生产工作全面负责。施工单位应当建立健全安全生产责任制度和安全生产教育培训制度,制定安全生产规章制度和操作规程,保证本单位安全生产条件所需资金的投入,对所承担的建设工程进行定期和专项安全检查,并做好安全检查记录。施工单位的项目负责人应当由取得相应执业资格的人员担任,对建设工程项目的安全施工负责,落实安全生产责任制度、安全生产规章制度和操作规程,确保安全生产费用的有效使用,并根据工程的特点组织制订安全施工措施,消除安全事故隐患,及时、如实报告生产安全事故。

2)不得挪用安全生产费用

安全生产费用必须专款专用。

施工单位对列入建设工程概算的安全作业环境及安全施工措施所需费用,应当用于施工安全防护用具及设施的采购和更新、安全施工措施的落实、安全生产条件的改善,不得挪作他用。

3)设立安全生产管理机构,配备专职安全生产管理人员

施工单位应当设立安全生产管理机构,配备专职安全生产管理人员。专职安全生产管理人员负责对安全生产进行现场监督检查。发现安全事故隐患,应当及时向项目负责人和安全生产管理机构报告;对违章指挥、违章操作的,应当立即制止。

4）总承包单位与分包单位之间的责任分担

总承包单位对施工现场的安全生产负总责。总承包单位和分包单位对分包工程的安全生产承担连带责任。分包单位应当服从总承包单位的安全生产管理，分包单位不服从管理导致生产安全事故的，由分包单位承担主要责任。

5）特种作业人员必须取得相关资格

垂直运输机械作业人员、安装拆卸工、爆破作业人员、起重信号工、登高架设作业人员等特种作业人员，必须按照国家有关规定经过专门的安全作业培训，并取得特种作业操作资格证书后，方可上岗作业。

6）依法编制施工方案

施工单位应当在施工组织设计中编制安全技术措施和施工现场临时用电方案，对达到一定规模的危险性较大的分部分项工程，应编制专项施工方案，并附具安全验算结果，经施工单位技术负责人、总监理工程师签字后实施，由专职安全生产管理人员进行现场监督。所谓危险性较大的分部分项工程是指：a.基坑支护与降水工程；b.土方开挖工程；c.模板工程；d.起重吊装工程；e.脚手架工程；f.拆除、爆破工程；g.国务院建设行政主管部门或者其他有关部门规定的其他危险性较大的工程。对前述所列工程中涉及深基坑、地下暗挖工程、高大模板工程的专项施工方案，施工单位还应当组织专家进行论证、审查。

7）依法设置安全警示标志

施工单位应当在施工现场入口处、施工起重机械、临时用电设施、脚手架、出入通道口、楼梯口、电梯井口、孔洞口、桥梁口、隧道口、基坑边沿、爆破物及有害危险气体和液体存放处等危险部位，设置明显的安全警示标志。安全警示标志必须符合国家标准。施工单位应当根据不同施工阶段和周围环境及季节、气候的变化，在施工现场采取相应的安全施工措施。施工现场暂时停止施工的，施工单位应当做好现场防护，所需费用由责任方承担，或者按照合同约定执行。

8）确保职工办公、生活区的安全

施工单位应当将施工现场的办公、生活区与作业区分开设置，并保持安全距离；办公、生活区的选址应当符合安全性要求。职工的膳食、饮水、休息场所等应当符合卫生标准。施工单位不得在尚未竣工的建筑物内设置员工集体宿舍。施工现场临时搭建的建筑物应当符合安全使用要求。施工现场使用的装配式活动房屋应当具有产品合格证。

9）妥善处理相邻关系，遵守环境保护法规

施工单位对因建设工程施工可能造成损害的毗邻建筑物、构筑物和地下管线等，应当采取专项防护措施。施工单位应当遵守有关环境保护法律、法规的规定，在施工现场采取措施，防止或者减少粉尘、废气、废水、固体废物、噪声、振动和施工照明对人和环境的危害和污染。在城市市区内的建设工程，施工单位应当对施工现场实行封闭围挡。

10）建立消防安全责任制度

施工单位应当在施工现场建立消防安全责任制度,确定消防安全责任人,制订用火、用电、使用易燃易爆材料等各项消防安全管理制度和操作规程,设置消防通道、消防水源,配备消防设施和灭火器材,并在施工现场入口处设置明显标志。

11）确保作业人员的安全

施工单位应当向作业人员提供安全防护用具和安全防护服装,并书面告知危险岗位的操作规程和违章操作的危害。作业人员有权对施工现场的作业条件、作业程序和作业方式中存在的安全问题提出批评、检举和控告,有权拒绝违章指挥和强令冒险作业。在施工中发生危及人身安全的紧急情况时,作业人员有权立即停止作业或者在采取必要的应急措施后撤离危险区域。施工单位采购或租赁的安全防护用具、机械设备、施工机具及配件,应当具有生产（制造）许可证、产品合格证,并在进入施工现场前进行查验。施工现场的安全防护用具、机械设备、施工机具及配件必须由专人管理,定期进行检查、维修和保养,建立相应的资料档案,并按照国家有关规定及时报废。

在安全得不到保证的情况下,作业人员有权拒绝作业。

12）自升式架设设施须经过验收后方可使用

施工单位在使用施工起重机械和整体提升脚手架、模板等自升式架设设施前,应当组织有关单位进行验收,也可以委托具有相应资质的检验检测机构进行验收;使用承租的机械设备和施工机具及配件的,由施工总承包单位、分包单位、出租单位和安装单位共同进行验收。验收合格的方可使用。验收合格之日起 30 日内,向建设行政主管部门或者其他有关部门登记。登记标志应当置于或者附着于该设备的显著位置。《特种设备安全监察条例》(2009 年修订)规定的施工起重机械,在验收前应当经由相应资质的检验检测机构检验合格。

13）应当对员工进行安全生产教育培训

施工单位的主要负责人、项目负责人、专职安全生产管理人员应当经建设行政主管部门或者其他有关部门考核合格后方可任职。施工单位应当对管理人员和作业人员每年至少进行一次安全生产教育培训,其教育培训情况记入个人工作档案。安全生产教育培训考核不合格的人员,不得上岗。作业人员进入新的岗位或者新的施工现场前,应当接受安全生产教育培训。未经教育培训或者教育培训考核不合格的人员,不得上岗作业。施工单位在采用新技术、新工艺、新设备、新材料时,应当对作业人员进行相应的安全生产教育培训。

14）依法办理意外伤害保险

施工单位应当为施工现场从事危险作业的人员办理意外伤害保险。意外伤害保险费由施工单位支付。实行施工总承包的,由总承包单位支付意外伤害保险费。意外伤害保险期限自建设工程开工之日起至竣工验收合格止。

为施工现场从事危险作业的人员办理意外伤害保险是施工企业的法定义务。

9.6 生产安全事故的应急救援与调查处理

9.6.1 生产安全事故的应急救援

县级以上地方人民政府建设行政主管部门应当根据本级人民政府的要求,制订本行政区域内建设工程特大生产安全事故应急救援预案。施工单位应当制订本单位生产安全事故应急救援预案,建立应急救援组织或者配备应急救援人员,配备必要的应急救援器材、设备,并定期组织演练。施工单位应当根据建设工程施工的特点、范围,对施工现场易发生重大事故的部位、环节进行监控,制订施工现场生产安全事故应急救援预案。实行施工总承包的,由总承包单位统一组织编制建设工程生产安全事故应急救援预案,工程总承包单位和分包单位按照应急救援预案,各自建立应急救援组织或者配备应急救援人员,配备救援器材、设备,并定期组织演练。

9.6.2 生产安全事故的调查处理

施工中如发生生产安全事故,应当按照国家有关伤亡事故报告和调查处理的规定,及时、如实地向负责安全生产监督管理的部门、建设行政主管部门或者其他有关部门报告;特种设备发生事故的,还应当同时向特种设备安全监督管理部门报告。接到报告的部门应当按照国家有关规定,如实上报。实行施工总承包的建设工程,由总承包单位负责上报事故。

发生生产安全事故后,施工单位应当采取措施防止事故扩大,保护事故现场。需要移动现场物品时,应当做出标记和书面记录,妥善保管有关证物。建设工程生产安全事故的调查,对事故责任单位和责任人的处罚与处理,按照有关法律、法规的规定执行,相关责任单位和责任人可能会承担行政责任,情节或后果严重的,可能会承担刑事责任。

【延伸阅读】

施工安全责任的归责原则

某日,黎某头戴驾驶摩托车的头盔,未经建筑公司允许,进入正在施工的某工地推销产品,被施工现场坠落的模板击中受伤。黎某向法院提起诉讼,请求判决施工企业承担损害赔偿责任。法院经审理查明,施工现场是全封闭施工,仅在北面设有出入口,出入口安装有铁门,出入口旁及铁门上设有"不戴安全帽不能进入工地""当心落物""非本工地人员不得进入工地"等明显的警示标志。法院认为,建筑施工现场属于特殊场合,根据《建筑法》第45条的规定,施工企业应当负责施工现场的安全,本案中该施工企业已经尽到了充分注意和采取安全防护措施的义务。黎某作为一个完全民事行为能力的人,具有辨识安全警示标志的能力,应当意识到潜在的危险,不应当进入施工现场,但其置警示标志于不顾,自行进入工地且没有戴安全帽,故其本身存在过错,应对其损害结果承担相应的责任。而施工企业对损害事实不存在过错,依法不应承担民事责任。

法院遂判决驳回黎某的诉讼请求。

本案中，法院以施工企业不存在过错为由判决黎某败诉，这是对侵权法上归责原则的运用。归责原则是指据以确定侵权责任由行为人承担的理由、标准或者说最终决定性的根本要素。归责原则贯彻于侵权法之中，并对各个侵权法规范起着统帅作用的立法指导方针，是司法机关处理侵权纠纷应当遵循的基本准则。我国《民法典》第一千二百五十八条规定："在公共场所或者道路上挖掘、修缮安装地下设施等造成他人损害，施工人不能证明已经设置明显标志和采取安全措施的，应当承担侵权责任。"从民法理论上讲，该条适用的归责原则是过错推定原则，即只要施工单位不能证明自己在施工现场设置了符合要求的明显标志和采取了符合要求的安全措施而造成了他人的损害时，就被推定有过错而应承担民事责任。在这里，"设置明显标志"的标准是对正常人在正常情况下足够明显，且根据不同施工性质与施工内容等要有不同的标志。"采取安全措施"应当充分考虑周边环境、季节、气候的变化因素，在不同的施工阶段制订相应的安全技术措施并组织实施，如对施工现场实行封闭管理。

【案例分析】
总包商负责上报分包商发生的生产安全事故

某建设公司承包了济东高速三标段工程项目。2016年1月11日，建设公司与磐诺公司签订了一份《工程（劳务）协作合同》，约定将部分土石方工程分包给磐诺公司。磐诺公司与鲁GT2726货车车主亓京华达成运输协议，由亓京华运送磐诺公司分包工程项下的部分土石方。2016年3月8日凌晨，亓京华雇用的驾驶员王叶铁在自行修理货车后挡板过程中，后挡板突然脱落，造成王叶铁和帮忙修车的周祥滨当场死亡。事故发生后，亓京华电话通知了磐诺公司，磐诺公司也电话通知了建设公司。

2017年1月16日，山东省济阳县安全生产监督管理局作出行政处罚决定书，认为《建设工程安全生产管理条例》第五十条明确规定，发生生产安全事故，施工单位应当按照国家有关伤亡事故报告和调查处理的规定，及时、如实地向负责安全生产监督管理的部门、建设行政主管部门或者其他有关部门报告，"实行施工总承包的建设工程，由总承包单位负责上报事故"。但是，事故发生后总承包单位建设公司并未按照规定向安全生产监督管理部门报告，属于谎报或者瞒报事故的行为，故根据《生产安全事故报告和调查处理条例》第36条，决定对建设公司罚款400万元。①

简短回顾

建设工程安全生产管理，是指为保证建设工程生产安全，进行的计划、组织、指挥、协调和控制的一系列管理活动。为了严格规范建筑施工企业安全生产条件，进一步加强安全生产监督管理，防止和减少生产安全事故，我国对建筑施工企业实行安全生产许可制度。建筑施工企业未取得安全生产许可证的，不得从事建筑施工活动。各参建单位如果违反建设工程安全生产管理法规、国家安全生产方面的强制性标准或者没有尽

---

① 参见山东省济阳县安全生产监督管理局（济阳）安监管罚〔2017〕1-1号行政处罚决定书。

到合理的注意义务,就有可能承担相应的安全责任,包括民事责任、行政责任以及刑事责任等。

复习思考

9.1　申请建设工程安全生产许可证需要什么条件?

9.2　建设单位负有哪些安全责任?

9.3　总承包单位与分包单位如何分担安全责任?

9.4　哪些分部分项工程应当编制专项施工方案?

9.5　施工单位应当如何设置安全警示标志?

9.6　哪些单位负有编制生产安全事故应急预案的义务?

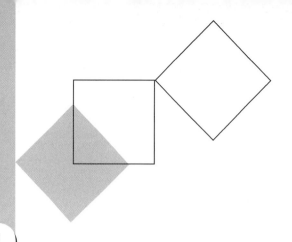

10 建设工程监理法规

本章导读：

　　甲公司委托乙公司对其拟建的项目进行监理。在施工过程中，乙公司明知甲公司擅自通知施工单位进行不符合质量和安全要求的变更设计，但并未要求施工单位改正，仅要求甲公司补齐设计单位的证明文件。设计单位补开修改通知单后，乙公司亦未对施工质量提出异议，而是向甲公司出具了单位工程质量合格报告，同意验收。但是，在工程复验后，乙公司却以复验出质量问题为由要求甲公司整改，并拒绝出具监理总结和质量合格证明书。甲公司遂起诉到法院，要求解除与乙公司的委托监理合同，并要求乙公司承担违约责任。本案中，法院是否应当支持甲公司的诉讼请求？乙公司的行为是否属于违约行为？在甲公司进行设计变更时，乙公司应该怎么做？为什么要设立监理制度？监理公司的职责有哪些？监理公司应该怎样正确履行监理职责？如果您对这些问题感到疑惑，相信能够从本章学习中寻找到答案。

10.1　建设工程监理法规概念

10.1.1　建设工程监理的含义

业主与监理企业之间是一种委托法律关系。

　　在我国，通常所说的建设工程监理，是指具有相应资质的监理企业受工程项目业主的委托，依照国家法律、行政法规、有关技术标准及设计文件、经住房城乡建设主管部门批准的工程项目建设文件、建设工程委托监理合同以及建设工程的相关合同，代表工程项目业主对承包单位的工程建设实施专业化监督管理的有偿服务活动。由监理方代表业主对建设活动进行专业的监督和管理既是市场经济发展的必然,也是一种国际惯例。

10.1.2　实行建设工程监理制度的意义

1)有利于提高工程建设质量

工程建设是一项工作量大、涉及面广的复杂工作,而建设单位往往因为不具备专业知识,或者无暇顾及,因此很难对建设工程进行全程的有效监督,这就可能为工程建设质量的下降埋下隐患,建立工程监理制度正好解决了这一问题。监理工程师不仅能够深入工程建设的各个环节开展监督管理工作,而且还能够提供专业化、高智能、高水平的服务,从而切实提高整个工程建设的质量。

2)有利于加快工程建设进度

在工程建设中,建设周期的长短与投资者的收益密切相关,而影响建设周期的因素有多种,如建设方因素、施工方因素、自然因素、社会因素等,这就要求应该有专人对工程建设中各个环节进行统筹安排和有效调节。而这正是监理单位的主要职责,监理单位可以通过综合分析项目的特点与要求,制订工期总目标和各阶段的工期目标,并采取有效的控制手段挖掘缩短工期的潜力,从而有效提升工程建设进度。

3)有利于实现投资效益最大化

投资收益的最大化是每个投资者梦寐以求的目标。然而,要实现这一目标却不是一件容易的事,它取决于多种因素,其中最重要的因素之一便是有效控制成本。对于监理单位而言,做到有计划地使用投资,努力节约投资正是其重要职责。监理单位能够通过多种措施实行投资控制,从而实现投资效益的最大化。

4)有利于提高工程建设管理水平

在工程建设中,管理水平的高低将直接决定投资者效益的大小。单纯依靠建设单位来进行管理,或者不现实或者达不到理想的效果,而依靠专业履行监督管理职责的监理单位来进行管理是更为理想的选择。

10.1.3　建设工程监理的基本要求

1)守法

对监理单位而言,守法就是要在从事监理活动时必须严格遵守国家的法律法规,例如监理单位只能在核定的业务范围内开展经营活动。

2)诚信

诚信是民法的基本原则之一。监理单位在监理活动中是作为民事主体而存在的,因此诚信也是对其的基本要求之一。加强监理企业的诚信理念,提升监理企业的诚信水平,不仅是完善我国建设工程监理制度的重要保证,而且也是推进我国建设工程水平

确保质量
⇩
加快进度
⇩
提高效益
⇩
优化管理

守法、诚信、公正、科学是对监理活动的基本要求。

提升的重要方面。

3) 公正

尽管监理单位是受建设单位的委托从事监理活动,但是一经委托,从事监理活动则具有独立性,即监理单位不能在监理活动中偏袒建设方,而是必须维护建设单位和施工单位的合法权益。实际上,任何一个项目的顺利完成都需要建设单位、施工单位等的有力配合,而要实现这个目标很重要的一点就在于监理活动应当具有公正性。

4) 科学

监理单位的主要任务在于协助建设单位实现投资目标,力求在预定的投资、进度、质量、安全生产目标内完成工程项目建设。这项任务决定了监理活动本身应当具有科学性。这种科学性主要体现在以下三个方面:一是科学的方案,二是科学的手段,三是科学的方法。

10.2 建设工程监理资质与资格管理

10.2.1 监理企业的资质管理

我国对监理企业的资质管理主要通过资质标准的确定、资质审批以及日常监管三个方面来进行。

1) 监理企业的资质标准

> 监理企业的资质分为综合资质、专业资质和事务所资质三个序列。

根据 2019 年修订的《工程监理企业资质管理规定》,我国将工程监理企业的资质分为综合资质、专业资质和事务所资质三个序列。综合资质、事务所资质不分级别。专业资质按照工程性质和技术特点划分为若干工程类别。专业资质分为甲级、乙级。

2) 监理企业的资质审批

综合资质、专业甲级资质的审批,由企业工商注册所在地的省、自治区、直辖市人民政府住房城乡建设主管部门进行初审,初审完毕后由其报国务院建设行政主管部门进行审批。其中,涉及铁路、交通、水利、通信、民航等专业工程监理资质的,还须由国务院建设主管部门送国务院有关部门审核,然后再由国务院建设主管部门审批。

专业乙级、丙级资质和事务所资质,由企业所在地省、自治区、直辖市人民政府建设主管部门审批,并将准予资质许可的决定报国务院建设主管部门备案。

工程监理企业资质证书的有效期为 5 年,资质证书有效期届满 60 日前,可向原资质许可机关申请办理延续手续。

3) 监理企业的日常监管

建设主管部门的日常监管主要包括:

①要求被检查单位提供工程监理企业资质证书、注册监理工程师注册执业证书,有关工程监理业务的文档,有关质量管理、安全生产管理、档案管理等企业内部管理制度

的文件。

②进入被检查单位进行检查,查阅相关资料。

③纠正违反有关法律、法规及有关规范和标准的行为。一旦出现违法行为,建设主管部门可以做出责令改正、罚款、直至撤销其资质等处罚。

10.2.2 注册监理工程师的资格管理

1)注册监理工程师的注册管理

注册监理工程师,是指经考试取得中华人民共和国监理工程师资格证书,并按照本规定注册,取得中华人民共和国注册监理工程师注册执业证书和执业印章,从事工程监理及相关业务活动的专业技术人员。根据2016年修订的《注册监理工程师管理规定》,我国注册监理工程师实行注册执业管理制度。

通过监理工程师考试是成为注册监理工程师的前提条件。注册监理工程师依据其所学专业、工作经历、工程业绩,按照工程监理企业资质管理规定划分的工程类别,按专业注册。每人最多可以申请两个专业注册。

注册监理工程师的注册审批,按照其是否受聘于一个建设工程勘察、设计、施工、监理、招标代理、造价咨询等单位分两种情况进行:未受聘的,由取得资格证书的人员向省、自治区、直辖市人民政府建设主管部门初审,国务院建设主管部门审批;已受聘的,由聘用单位向单位工商注册所在地的省、自治区、直辖市人民政府建设主管部门提出注册申请,审批程序同前。

初始注册者,可自资格证书签发之日起3年内提出申请,逾期须符合继续教育的要求后方可申请初始注册。注册证书和执业印章的有效期为3年,届满前可申请延续注册。

考试
⇩
注册
⇩
执业

2)注册监理工程师的执业管理

通过注册监理工程师资格考试的人员须受聘并注册于一个具有工程监理资质的单位才能从事工程监理执业活动。

注册监理工程师的执业范围主要包括工程监理、工程经济与技术咨询、工程招标与采购咨询、工程项目管理服务以及国务院有关部门规定的其他业务。

工程监理活动中形成的监理文件,由注册监理工程师按照规定签字和盖章后方可生效,该文件的修改须由该注册监理工程师进行,特殊情形也可由别的监理工程师进行修改,但后者需要签字盖章并对修改部分负责。

注册监理工程师从事执业活动,由所在单位接受委托并统一收费。如果给他人造成损失的,由聘用单位予以赔偿,但赔偿后可向注册监理工程师追偿。

3)注册监理工程师的继续教育管理

注册监理工程师在每一注册有效期内,应当达到国务院建设主管部门规定的继续教育要求。继续教育作为注册监理工程师逾期初始注册、延续注册和重新申请注册的条件之一。继续教育分为必修课和选修课,在每一注册有效期内各为48学时。

10.3 建设工程监理的范围与依据

10.3.1 建设工程监理的范围

　　我国法律并没有要求所有工程都必须实行工程监理,仅对某些建设工程实行强制监理。根据《建设工程监理范围和规模标准规定》,需要强制监理的建设工程主要包括以下几类:

　　①国家重点建设工程。这是指依据《国家重点建设项目管理办法》所确定的对国民经济和社会发展有重大影响的骨干项目。

　　②大中型公用事业工程。这是指项目总投资额在3 000万元以上市政工程、科教文卫、旅游、商业等项目以及其他公用事业项目。

　　③成片开发建设的住宅小区工程。建筑面积在5万 m^2 以上的成片开发的住宅工程必须实行监理;高层住宅及地基、结构复杂的多层住宅工程,应当实行监理。

　　④利用外国政府或者国际组织贷款、援助资金的工程。如使用世界银行等国际组织、国外政府及其机构贷款或援助资金的项目。

　　⑤国家规定必须实行监理的其他工程。一类是项目总投资额在3 000万元以上关系社会公共利益、公众安全的基础设施项目,如煤炭、石油、铁路等项目;另一类是学校、影剧院、体育场馆等项目。

10.3.2 建设工程监理的依据

1)法律、法规、规章和标准规范

　　法律、法规、规章和标准规范类的依据主要包括《建筑法》《招标投标法》《建设工程质量管理条例》《工程监理企业资质管理规定》《注册监理工程师管理规定》《建设工程监理范围和规模标准规定》等法律、法规、规章以及有关的工程技术标准、规范、规程。

2)工程建设文件

　　工程建设文件依据主要包括批准的可行性研究报告、建设项目选址意见书、建设用地规划许可证、建设工程规划许可证、批准的施工图设计文件、施工许可证等。

3)建设工程委托监理合同和有关的建设工程合同

　　合同类依据主要包括委托监理合同、咨询合同、勘察合同、设计合同、施工合同以及设备采购合同等。

10.4   建设工程监理的内容

10.4.1   项目决策阶段的监理内容

在项目决策阶段,监理的内容主要涉及以下两个方面:

1)进行建设项目的可行性研究

对建设项目进行可行性研究,主要是为了对建设项目在技术上的可行性及经济上的合理性进行全面分析、评价,以便选择最优的建设方案。监理单位对拟建项目是否值得投资建设以及怎样建设提出意见,将有助于保证建设项目以最小的消耗取得最佳的经济效益。

> 监理活动贯穿于建设活动的始终,而非仅限于施工阶段。

2)参与设计任务书的编制

建设项目的可行性研究论证完毕之后,监理单位应当参与设计任务书的编制。设计任务书是项目设计的基本依据和指导性文件,是充分反映建设单位意图和要求的关键性文本,对整个项目完成的好坏发挥着重要作用。在监理单位的参与下,能够为建设单位选出更优的建设方案。当然,设计任务书的实施还需要经过有关部门批准。

> 在工程建设的不同实体阶段,监理的内容和侧重点不同。

10.4.2   项目实施阶段的监理内容

1)设计阶段的监理内容

在设计阶段,监理单位主要负责:

①提出设计要求,编制设计招标申请报告,组织评选设计方案,协助建设单位选择勘察设计单位和设计方案。

②协助建设单位签订勘察、设计合同,并监督合同的履行。

③核查工程设计文件和概预算,验收工程设计文件。

2)施工招标阶段的监理内容

在施工招标阶段,监理单位主要负责:

①编制施工招标文件和申请报告。

②核查施工图设计、工程预算和标底。

③组织投标、开标、评标,向建设单位提出决标意见。

④协助建设单位与施工单位签订施工合同。

3)施工阶段的监理内容

在施工阶段,监理单位主要负责:

①协助建设单位与施工单位编写开工申请报告。

②查看建设场地并将其移交给施工单位。

③确认总承包单位选择的分包单位。

④制定施工总体规划,审查施工单位的施工组织设计和施工技术方案,提出改进意见并下达单位工程施工、开工令。

⑤审查施工单位提出的材料和设备清单及其所列的规格和质量,检查安全防护设施。

⑥督促、检查施工单位严格遵守承包合同和工程技术标准。

⑦主持协商建设单位、设计单位、施工单位和监理单位提出的工程变更以及合同条款的变更。

⑧调解施工中的争议,处理好索赔与反索赔事宜。

⑨检查工程进度和施工质量,审查工程计量,验收分部分项工程,签署工程付款凭证。

⑩督促整理合同文件和技术档案资料。

⑪组织设计单位和施工单位进行工程竣工初步验收,提出竣工验收报告。

⑫核查工程结算。

4)保修阶段的监理内容

在保修阶段,监理单位主要负责:

①参与工程交付,签发工程移交证书。

②组织检查工程缺陷情况,参与鉴定质量责任。

③督促施工单位履行工程保修义务。

10.5 建设工程监理的程序

10.5.1 监理前的准备工作

1)签订委托监理合同

这里所讲的是建设工程监理在整体工程意义上的程序,除此之外,我国相关法律法规还作了很多详细的程序规定。

监理单位开展监理活动的前提条件是接受建设单位的委托,否则监理单位的活动便会失去依据。根据《建设工程监理规范》(GB/T 50319—2013)的要求,委托监理合同应以书面形式签订,合同中应包括监理单位对建设工程质量、造价、进度进行全面控制和管理的条款。建设单位与承包单位之间与建设工程合同有关的联系活动应通过监理单位进行。

2)确定总监理工程师,成立监理机构

在签订了委托监理合同后,监理单位应根据建设工程的规模、性质、建设单位对监理的要求,委派称职的人员担任项目总监理工程师,代表监理单位全面负责该工程的监理工作。总监理工程师是建设工程监理工作的总负责人,对内向监理单位负责,对外向建设单位负责。

监理总工程师确定后,由其组建项目监理机构。该监理机构的组建应根据监理大纲内容和签订的委托监理合同内容进行,并在监理规划和具体计划执行中根据需要及时进行调整。

3）编制建设工程监理规划

监理机构组建完成之后,该机构便在监理总工程师的带领下开展建设工程监理规划的编制工作。建设工程监理规划是开展工程监理活动的纲领性文件,因此该规划的编制应针对项目的实际情况,明确项目监理机构的工作目标,确定具体的监理工作制度、程序、方法和措施,并应具有可操作性。

施工阶段的监理规划应在签订委托监理合同及收到设计文件后开始编制,完成后必须经监理单位技术负责人审核批准,并应在召开第一次工地会议前报送建设单位。

> 监理规划应当将各项监理工作之间的关系处理好,否则工程监理便无法协调统一,进而无法达到预期效果。

4）制订各专业监理实施细则

在建设工程监理规划的指导下,监理机构应对中型及其以上或专业性较强的工程项目编制监理实施细则,以具体指导项目投资控制、质量控制、进度控制的进行。监理实施细则应由专业监理工程师在相应工程施工开始前编制完成,并必须经总监理工程师批准。监理实施细则应包括以下内容:a.专业工程的特点;b.监理工作的流程;c.监理工作的控制要点及目标值;d.监理工作的方法及措施。

10.5.2　监理工作的开展

1）对施工的全过程进行监理

监理机构在充分的监理前准备工作以后,便可以按照监理规划以及监理实施细则的要求有序地开展监理工作了。施工过程的监理通常分为进度控制、质量控制与投资控制三个方面,这三个方面在程序上通常是交叉进行的。

> 监理工作应当覆盖工程建设的各个方面。

（1）进度控制的程序

进度控制一般按照下列程序进行:①编制施工阶段进度控制工作细则;②编制或审核施工进度计划;③下达工程开工令;④监督施工进度计划的实施并定期向业主提交工程进度报告;⑤填写好反映工程进度状况的监理日志。

（2）质量控制的程序

施工阶段的质量控制可以分为事前控制、事中控制和事后控制三个方面。

①在事前控制中,监理机构通常按照下列程序进行质量控制:a.审查承包商(包括分包商)的技术资质;b.协助承包单位完善质量保证体系,建立健全质量管理制度;c.对施工现场进行检查验收与交接;d.审查施工单位提交的施工组织设计或施工方案;e.组织技术交底;f.组织图纸会审;g.对施工用机械设备进行检查;h.对工程所需的材料、设备、器材进行检查与控制。

②在事中控制中,监理机构通常按照下列程序进行质量控制:a.设立质量控制点以加强工序质量控制;b.加强施工过程中的现场巡视和旁站监督;c.做好见证取样送检工作;d.严格工序间的交接检查;e.审核工程变更;f.及时进行已完分项、分部工程的验收;g.处理(或协助处理)发生的质量缺陷或质量事故;h.督促承包商做好成品保护工作。

③在事后控制中,监理机构通常按照下列程序进行质量控制:a.审核施工单位提供的有关项目的质量检验报告、评定报告及有关技术文件;b.审核施工单位提交的工程竣工图,并与设计施工图进行比较,对竣工图进行评价。

(3)投资控制的程序

监理机构通常按照以下程序进行投资控制:a.编制资金使用计划,确定、分解投资控制目标;b.建立项目管理的组织保证体系,落实施工阶段的投资跟踪人员,定期进行投资的计划值与实际投资值的比较;c.协助业主逐一审核合同条文,力求完善,并随时检查合同的执行情况,及时纠正偏差;d.重视图纸会审,尽量发现和解决施工图中存在的错、漏、碰、缺等问题,减少设计变更,挖掘节约投资的潜力;e.审查和完善施工方案,应特别注意方案的可行性及不同方案的费用对比分析;f.严格控制设计变更,减少工期拖延和可能诱发的承包商的费用索赔;g.认真审核、办理现场的经济技术签证,并作好详细记录,及时报送业主;h.根据合同规定,对已完工程进行计量验收;i.严格索赔程序,并协助业主进行索赔谈判;j.协助业主做好预结算的审校工作。

（左栏）对不同方面的控制程序进行区分,其目的在于能够将监理工作在不同工程阶段的侧重点予以体现。

2)参与验收,签署建设工程监理意见

建设工程施工完成以后,监理机构应在正式验交前组织竣工预验收。如在预验收中发现了问题,应及时与施工单位沟通,并提出整改要求。监理机构还应参加建设单位组织的工程竣工验收并签署监理单位意见。

3)向业主提交建设工程监理档案材料

建设工程监理工作完成后,监理单位向建设单位提交委托监理合同文件中约定的监理档案资料。如果委托监理合同没有作出明确规定,监理单位一般应提交设计变更及工程变更资料、监理指令性文件、各种签证资料等档案资料。

10.5.3　监理工作的总结

监理工作完成后,监理机构应及时进行监理工作总结,并向建设单位和监理单位提交总结报告。

①向建设单位提交的总结报告一般应包括如下内容:a.委托监理合同履行情况概述;b.监理任务或监理目标完成情况的评价;c.由建设单位提供的供监理活动使用的办公用房、车辆、试验设施等的清单;d.表明监理工作总结的说明等。

②向监理单位提交的总结报告一般应包括:a.监理工作的经验(可以是采用某种监理技术、方法的经验,也可以是采用某种经济措施、组织措施的经验,以及委托监理合同执行方面的经验或如何处理好与业主、承包单位关系的经验等);b.监理工作中存在的问题及改进的建议。

【延伸阅读】
对我国建设工程监理制度存在不足的反思

近年来,我国建设工程领域多次发生重大质量事故。2008年11月15日下午3时15分,正在施工的杭州地铁湘湖站北2基坑现场发生大面积坍塌事故,造成21人死亡,

24 人受伤,直接经济损失 4 961 万元。2009 年 6 月 27 日凌晨 5 点 30 分左右,上海闵行区"莲花河畔景苑"中一栋 13 层的在建住宅楼倒塌。尽管每个事故发生的原因都是多重的,然而有一个原因却是共同的,那便是监理未能发挥其应有的作用。

自 1988 年我国开始建设工程监理制度试点以来,这项制度正在逐步完善。然而,与发达国家相比,我国的监理制度不仅起步较晚,而且受计划经济的影响深远,特别是随着我国市场经济的发展以及国家建设领域改革的推进,监理制度的不足正在不断显现。这些不足主要表现在:第一,监理仅局限于施工阶段。监理制度本应贯穿于工程建设的全过程,但在我国现阶段一般只限于施工阶段。这不仅不利于监理单位全面掌握建设工程的总体情况,而且也不利于监理单位提供更优质的服务。第二,监理单位的独立性明显不足。尽管监理单位是受建设单位的委托从事监理活动,但是委托关系一旦建立,监理单位便应独立开展监理活动。但是,实践中监理单位的独立性往往受到很大制约,在很大程度上听命于建设单位,因此很难公正地开展监理活动。第三,监理水平普遍不高。一方面反映为监理企业的水平良莠不齐;另一方面反映在监理从业人员的素质普遍不高。这就造成了不少监理企业的监理活动极不规范,一些监理企业甚至将监理活动变成了对施工单位的"吃、拿、卡、要",不仅使监理制度失去了应有作用,而且还会使我国建设活动的规范化进程受到严重影响。

【案例分析】

监理范围内费用包干的约定具有法律约束力

2007 年 8 月,天健公司发布的《阳光天健城工程建设监理招标书》以及随后与合创公司签订的《深圳市工程建设监理合同》上均载明,案涉工程总投资额约 23 258 万元。但是,事实上案涉工程总投资额为 69 286 万元。合创公司遂以合同条款构成欺诈为由起诉至法院,请求按照总投资 69 286 万元重新计算监理费,即增加监理费 612 万元。

法院审理后认为,天健公司在发布招标书和签订合同之前就知道案涉工程实际投资额为 69 286 万元,在招标书和合同上却记载总投资额约 23 258 万元,确实存在没有如实告知的事实。但是,招标书明确载明,"案涉工程项目监理酬金总价按人民币 428 万元总价包干;监理酬金不因投资额和结算造价变化而调整,也不因监理期限的变化和设计变更而调整监理酬金包干总价",该约定系当事人的真实意思表示,对双方均具有约束力。并且,在之后双方签订的《深圳市工程建设监理合同》再次明确,"总价包干,结算时不再调整,监理酬金不因工程规模变化、投资额和结算造价变化、监理期限的变化和设计变更等任何因素的变化而调整"。因此,监理费用包干是合创公司的真实意思表示,遂驳回合创公司的诉讼请求。[①]

简短回顾

工程监理制度是个舶来品。我国引进这项制度是为了规范我国建设工程领域的一些失控行为,同时也是为了遵循国际惯例的需要。监理的主要目的是帮助建设单位行

---

① 参见广东省高级人民法院(2013)粤高法民申字第 890 号民事裁定书。

使工程监督的职责,从而保证建设工程更快、更好、更高效地完成。目前我国并未要求所有的建设工程都必须实行监理,而只是规定其中的一部分工程必须实行强制监理。监理活动主要是通过建设单位与监理单位订立的委托监理合同来实现的。我国立法对监理活动的规范主要分为两个部分:一是对监理单位推行资质管理制度,只有符合法定条件并经法定程序审批的单位才能从事监理活动;二是对监理工程师实行注册执业管理制度,通过注册工程师资格考试的人员申请注册后,还必须受聘于具有监理资质的单位才能进行执业活动。对于监理单位和监理工程师的活动,我国法律从实体和内容两个方面进行了较为详细的规定。

复习思考

10.1　什么是建设工程监理?

10.2　建设工程监理的基本要求是什么?

10.3　我国对监理单位资质管理的内容有哪些?

10.4　我国是如何管理监理工程师的?

10.5　我国对建设工程实行强制监理的范围是怎样规定的?

10.6　可以成为建设工程监理依据的文件有哪些?

10.7　监理单位的主要业务有哪些?

10.8　在监理活动中监理机构需要履行哪些监理程序?

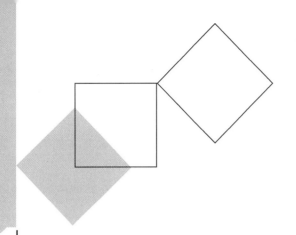

11 建设工程环境保护法规

本章导读:

　　某市某垃圾亭于 20 世纪 90 年代建成并投入使用,日处理垃圾 30 t,不能适应周围居民生活需要。该市环卫处遂向规划局提出工程规划许可申请,规划局向环卫处颁发了建设工程规划许可证,规划改建后的垃圾亭日处理垃圾为 100 t。但是,与该垃圾亭相邻的小区住户认为改建后的垃圾亭与小区住宅最小间距仅 6 m,运行过程中产生的异味、噪声、废水等污染物对小区环境产生严重影响,并认为规划局在未审查该项目是否取得环境影响评价报告书的情况下,就颁发了工程规划许可证,审批上存在纰漏。该小区 16 位住户遂以规划局为被告提起行政诉讼,请求法院判决撤销规划局颁发给环卫处的建设工程规划许可证。在本案中,法院是否应当支持小区住户的诉讼请求? 垃圾亭改建工程项目是否需要做环境影响评价? 如需环境影响评价,审查环境影响评价材料是否属于规划部门的法定职责和颁证的前置条件? 对于这些问题,相信您可以在本章学习中寻找到答案。

11.1　建设工程环境保护法规概述

11.1.1　环境与环境问题

　　这里所说的环境,是指影响人类生存和发展的各种天然的和经过人工改造的自然因素的总体,包括大气、水、海洋、土地、矿藏、森林、草原、野生生物、自然遗迹、人文遗迹、自然保护区、风景名胜区、城市和乡村等。因此,环境即是指是人类生存环境,是作用于人类并影响人类生存和发展的外界事物。

环境问题是指由于人类活动作用于周围环境所引起的环境质量变化,这种变化也会对人类的生产、生活和健康造成的影响。环境问题既可能是由于自然因素的破坏和污染所引起的,也可能是人为因素造成的环境污染和自然资源与生态环境的破坏。通常所说的环境问题多系人为因素造成的,比如人类的建设活动。

建设工程环境保护法规是指在工程建设过程中与环境保护有关的法律规范的总称。

11.1.2 建设工程环境保护法规体系

《环境影响评价法》是我国建设工程项目环境保护第一部专门性立法。

建设工程环境保护法规散见在大量与建设工程相关的法律法规中。我国《宪法》中就有关于建设工程环境保护的规定,《民法典》有些条款涉及自然资源使用者的权利义务规定,《刑法》也有关于环境污染导致的犯罪条款。从改革开放初期至今,我国主要颁布了《环境保护法》《环境影响评价法》《大气污染防治法》《固体废物污染环境防治法》《防沙治沙法》《可再生能源法》《节约能源法》《水法》《水污染防治法》《建设项目环境保护管理条例》《自然保护区条例》等法律法规,在《交通建设项目环境保护管理办法》《实施工程建设强制性标准监督规定》《铁路建设项目环境保护设施竣工验收规定》《建设项目环境保护设施竣工验收监测技术要求》《工程建设标准强制性条文》《生态环境标准管理办法》等规范性文件中也有大量与建设工程环境保护有关的规定。其中,《环境影响评价法》中的建设项目环境影响评价是环境保护法的核心内容之一。

11.1.3 环境保护法规的基本原则

基本原则对建设工程环境保护具有根本性的指导意义。

环境保护法规的基本原则,是环境保护法规所确认并且贯穿其始终的基本原则,是各项具体环境保护法律制度与措施的基础。这些原则也适用于建设活动的一切领域,对建设工程环境保护监督管理具有普遍指导意义。

1) 协调发展原则

这项原则要求环境保护立法与活动应与经济建设和社会发展相协调,必须统筹规划、同步实施、协调发展,实现经济效益、社会效益和环境效益的统一,反映环境保护与经济建设、社会发展之间的辩证关系。这与国际上提倡的可持续发展原则的基本含义是一致的,即可持续发展实质上就是无害或少害的发展,是环境保护与经济、社会的协调发展,是人与自然和谐、稳定的发展。

2) 预防为主原则

这项原则要求预防为主、防治结合、综合治理,把重点放在事前防止环境污染和自然破坏之上,同时积极治理和恢复现有的环境污染和自然破坏,以保护生态系统的安全和人类的健康及其财产安全。全面规划与合理布局,制定和实施具有预防性的环境管理制度,开展资源与能源的综合利用,节约利用资源与能源,将污染防止措施提前到开发建设之初,才能从源头上切断环境污染的产生,从根本上避免和减少环境污染的事后治理。

3）环境责任原则

这项原则要求污染者付费、利用者补偿、开发者保护、破坏者恢复。当人们对环境造成污染破坏、对资源造成减损时，就应当承担相应的法律责任。在追究环境责任时，应当综合利用民事、行政、刑事手段来进行综合管理。例如，在建设活动过程中，可根据对环境开发利用的强度以及影响性质、程度和规模，赋予行为主体相应权利和承担相应义务。当对环境产生不良影响时，综合考虑当事人的受益情况和实际能力，确定其相应责任。

4）公众参与原则

这项原则要求在环境保护过程中，任何单位或者个人都享有通过一定程序或途径，平等参与一切与环境利益有关的决策活动。它是民主理念在环境管理活动中的延伸，是民主与法治要求在环境法上的集中体现，也是环境法制建设的重要保证。

11.2　生态环境标准管理制度

依据 2021 年 2 月 1 日起施行的《生态环境标准管理办法》，生态环境标准是指由国务院生态环境主管部门和省级人民政府依法制定的生态环境保护工作中需要统一的各项技术要求。

> 生态环境标准是一系列具体标准的综合与集中。

11.2.1　生态环境标准的体系

生态环境标准是根据各种环境的性质、特点以及对人类生活的影响制定的，不同级别和种类的生态环境标准构成一个有机统一体，即生态环境标准体系。生态环境标准分为国家生态环境标准和地方生态环境标准。

国家生态环境标准包括国家生态环境质量标准、国家生态环境风险管控标准、国家污染物排放标准、国家生态环境监测标准、国家生态环境基础标准和国家生态环境管理技术规范。国家生态环境标准在全国范围或者标准指定区域范围执行。地方生态环境标准包括地方生态环境质量标准、地方生态环境风险管控标准、地方污染物排放标准和地方其他生态环境标准。地方生态环境标准在发布该标准的省、自治区、直辖市行政区域范围或者标准指定区域范围执行。有地方生态环境质量标准、地方生态环境风险管控标准和地方污染物排放标准的地区，应当依法优先执行地方标准。

11.2.2　生态环境标准的分类

1）生态环境质量标准

生态环境质量标准包括大气环境质量标准、水环境质量标准、海洋环境质量标准、声环境质量标准、核与辐射安全基本标准。制定生态环境质量标准，应当反映生态环境质量特征，以生态环境基准研究成果为依据，与经济社会发展和公众生态环境质量需求相适应,科学合理确定生态环境保护目标。生态环境质量标准应当包括功能分类、控制项目及限值规定、监测要求、生态环境质量评价方法、标准实施与监督等内容。

2)生态环境风险管控标准

生态环境风险管控标准包括土壤污染风险管控标准以及法律法规规定的其他环境风险管控标准。制定生态环境风险管控标准,应当根据环境污染状况、公众健康风险、生态环境风险、环境背景值和生态环境基准研究成果等因素,区分不同保护对象和用途功能,科学合理地确定风险管控要求。生态环境风险管控标准应当包括功能分类、控制项目及风险管控值规定、监测要求、风险管控值使用规则、标准实施与监督等内容。生态环境风险管控标准是开展生态环境风险管理的技术依据。

3)污染物排放标准

污染物排放标准包括大气污染物排放标准、水污染物排放标准、固体废物污染控制标准、环境噪声排放控制标准和放射性污染防治标准等。水和大气污染物排放标准,根据适用对象分为行业型、综合型、通用型、流域(海域)或者区域型污染物排放标准。行业型污染物排放标准适用于特定行业或者产品污染源的排放控制;综合型污染物排放标准适用于行业型污染物排放标准适用范围以外的其他行业污染源的排放控制;通用型污染物排放标准适用于跨行业通用生产工艺、设备、操作过程或者特定污染物、特定排放方式的排放控制;流域(海域)或者区域型污染物排放标准适用于特定流域(海域)或者区域范围内的污染源排放控制。污染物排放标准应当包括下列内容:适用的排放控制对象、排放方式、排放去向等情形;排放控制项目、指标、限值和监测位置等要求,以及必要的技术和管理措施要求;适用的监测技术规范、监测分析方法、核算方法及其记录要求;达标判定要求;标准实施与监督等。

4)生态环境监测标准

生态环境监测标准包括生态环境监测技术规范、生态环境监测分析方法标准、生态环境监测仪器及系统技术要求、生态环境标准样品等。生态环境监测技术规范应当包括监测方案制订、布点采样、监测项目与分析方法、数据分析与报告、监测质量保证与质量控制等内容。生态环境监测分析方法标准应当包括试剂材料、仪器与设备、样品、测定操作步骤、结果表示等内容。生态环境监测仪器及系统技术要求应当包括测定范围、性能要求、检验方法、操作说明及校验等内容。

5)生态环境基础标准

为统一规范生态环境标准的制订技术工作和生态环境管理工作中具有通用指导意义的技术要求,有必要制定生态环境基础标准,包括生态环境标准制订技术导则,生态环境通用术语、图形符号、编码和代号(代码)及其相应的编制规则等。制定生态环境标准制订技术导则,应当明确标准的定位、基本原则、技术路线、技术方法和要求,以及对标准文本及编制说明等材料的内容和格式要求。制定生态环境通用术语、图形符号、编码和代号(代码)编制规则等,应当借鉴国际标准和国内标准的相关规定,做到准确、通用、可辨识,力求简洁易懂。

6)地方生态环境标准

地方生态环境质量标准、地方生态环境风险管控标准和地方污染物排放标准可以对国家相应标准中未规定的项目做出补充规定,也可以对国家相应标准中已规定的项目做出更加严格的规定。对本行政区域内没有国家污染物排放标准的特色产业、特有污染物,或者国家有明确要求的特定污染源或者污染物,应当补充制定地方污染物排放标准。有下列情形之一的,应当制定比国家污染物排放标准更严格的地方污染物排放标准:其一,产业密集、环境问题突出的;其二,现有污染物排放标准不能满足行政区域内环境质量要求的;其三,行政区域环境形势复杂,无法适用统一的污染物排放标准的。国务院生态环境主管部门应当加强对地方污染物排放标准制定工作的指导。

11.2.3　生态环境标准的实施

强制性生态环境标准应当定期开展实施情况评估,与其配套的推荐性生态环境标准实施情况可以同步开展评估。生态环境质量标准实施评估,应当依据生态环境基准研究进展,针对生态环境质量特征的演变,评估标准技术内容的科学合理性。生态环境风险管控标准实施评估,应当依据环境背景值、生态环境基准和环境风险评估研究进展,针对环境风险特征的演变,评估标准风险管控要求的科学合理性。污染物排放标准实施评估,应当关注标准实施中普遍反映的问题,重点评估标准规定内容的执行情况,论证污染控制项目、排放限值等设置的合理性,分析标准实施的生态环境效益、经济成本、达标技术和达标率,开展影响标准实施的制约因素分析并提出解决建议。生态环境监测标准和生态环境管理技术规范的实施评估,应当结合标准使用过程中反馈的问题、建议和相关技术手段的发展,重点评估标准规定内容的适用性和科学性,以及与生态环境质量标准、生态环境风险管控标准和污染物排放标准的协调性。

11.3　建设工程环境影响评价制度

环境影响评价,是指对规划和建设项目实施后可能造成的环境影响进行分析、预测和评估,提出预防或者减轻不良环境影响的对策和措施,以及进行跟踪监测的方法与制度。其目的在于鼓励在规划和决策中考虑环境因素,最终达到人类活动与环境的相容性。2018年修订的《环境影响评价法》是关于环境影响评价活动的基本法。

11.3.1　建设工程环境影响评价的分类管理

根据我国《环境影响评价法》规定,国家根据建设项目对环境的影响程度,对建设项目的环境影响评价实行分类管理。根据下列不同情况编制环境影响评价文件:

①可能造成重大环境影响的,应当编制环境影响报告书,对产生的环境影响进行全面评价。

②可能造成轻度环境影响的,应当编制环境影响报告表,对产生的环境影响进行分

> 环境影响评价制度同国土利用规划一起,被视为贯彻预见性环境政策的重要支柱和卓有成效的法律制度,在国际上越来越引起广泛重视。

析或者开展专项评价。

③对环境影响很小、不需要进行环境影响评价的,应当填报环境影响登记表。

2021年修订的《建设项目环境影响评价分类管理名录》,根据建设项目特征和所在区域的环境敏感程度,综合考虑建设项目可能对环境产生的影响,对建设项目的环境影响评价实行分类管理,特别对环境敏感区予以特殊保护。环境敏感区是指依法设立的各级各类保护区域和对建设项目产生的环境影响特别敏感的区域,主要包括下列区域:其一,国家公园、自然保护区、风景名胜区、世界文化和自然遗产地、海洋特别保护区、饮用水水源保护区;其二,除第一项之外的生态保护红线管控范围,永久基本农田、基本草原、自然公园(森林公园、地质公园、海洋公园等)、重要湿地、天然林,重点保护野生动物栖息地,重点保护野生植物生长繁殖地,重要水生生物的自然产卵场、索饵场、越冬场和洄游通道,天然渔场,水土流失重点预防区和重点治理区、沙化土地封禁保护区、封闭及半封闭海域;其三,以居住、医疗卫生、文化教育、科研、行政办公为主要功能的区域,以及文物保护单位。建设项目所处环境的敏感性质和敏感程度,是确定建设项目环境影响评价类别的重要依据。

11.3.2 建设工程环境影响评价的监督管理

根据2019年11月1日施行的《建设项目环境影响报告书(表)编制监督管理办法》,建设单位可以委托技术单位对其建设项目开展环境影响评价,编制环境影响报告书(表);建设单位具备环境影响评价技术能力的,可以自行对其建设项目开展环境影响评价,编制环境影响报告书(表)。技术单位不得与负责审批环境影响报告书(表)的生态环境主管部门或者其他有关审批部门存在任何利益关系。此处的技术单位,是指具备环境影响评价技术能力、接受委托为建设单位编制环境影响报告书(表)的单位。编制人员应当具备专业技术知识,不断提高自身业务能力。设区的市级以上生态环境主管部门应当加强对编制单位的监督管理和质量考核,开展环境影响报告书(表)编制行为监督检查和编制质量问题查处,并对编制单位和编制人员实施信用管理。

11.3.3 建设工程环境影响报告书的基本内容

1) 环境影响报告书的总论
此部分应当说明编制概况、依据、采用标准、控制污染和保护环境的主要目标。

2) 环境影响报告书的正文
此部分应当载明下列情况:

①建设项目概况,包括建设项目名称、地点、建设规模、产品方案和主要工艺方法,占地面积和土地利用情况,发展规划等。

②建设项目周围环境现状,包括地理位置、地形、地貌、土壤、地质、水文、气象、矿藏、森林、草原、水产、野生动植物、农作物等情况;自然保护区、风景名胜区以及重要的政治文化设施情况;现有工矿企业分布、生活居住区分布和人口密度、健康状态等情况;

大气、地面水、地下水的环境质量状况以及交通运输情况等。

③建设项目对环境可能造成影响的分析、预测和评估,包括建设项目环境影响特征、污染影响、环境破坏、长期与短期影响、可逆与不可逆影响,以及环境影响范围、大小程度、途径,减轻环境影响的各种措施等。

④建设项目环境保护措施及其技术、经济论证,包括布点、机构、人员、设备和监测项目。

⑤建设项目对环境影响的经济损益分析。

⑥对建设项目实施环境监测的建议。

3)环境影响评价报告书的结论

结论应对如下问题作出回答:对环境质量是否有影响;建设规模、性质、选址是否合理,是否符合环境保护要求;所采取的防治措施在技术上是否可行,是否符合清洁生产的要求,经济上是否合理;是否需要再做出进一步的评价。

4)环境影响评价报告书的附件

该附件包括但不限于相关审批文件,标明排污口和渣场的项目地理位置图,总平面图,工艺污染流程图,评价区域和测点图,断面设置和监测范围图,预测成果图,大气、水或者噪声等多种条件下的贡献值和叠加值分布图,等浓度和等噪声值图等。

> 涉及水土保持的建设项目,必须有经过水行政主管部门审批同意的水土保持方案。

11.3.4　建设工程环境影响评价文件的审批、后评价和跟踪管理

1)建设工程环境影响评价文件的审批

建设项目的环境影响评价文件,由建设单位按照国务院的规定报有审批权的生态环境主管部门审批;建设项目有行业主管部门的,其环境影响报告书或者环境影响报告表应当经行业主管部门预审后,报有审批权的生态环境主管部门审批。环境影响评价文件的报批应当注意如下事项:

①建设单位在建设项目可行性研究阶段报批。

②铁路、交通等建设项目经主管部门批准可在初步设计完成前报批。

③不需要进行可行性研究的项目应在开工前报批。

④需要办理营业执照的应在办理营业执照前报批。

⑤经批准的项目发生重大变化的应重新报批。

⑥环境影响报告文件自批准之日起满5年方开工的,应重新报批。

> 由于建设项目的性质与规模不同,所涉及的审批机关与程序也有可能不同。

2)建设工程环境影响评价文件的后评价和跟踪管理

①在项目建设与运行过程中,产生不符合经审批的环境影响评价文件情形的,建设单位应当组织环境影响的后评价,采取改进措施,并报原环境影响评价文件审批部门和建设项目审批部门备案。原环境影响评价文件审批部门也可以责成建设单位进行环境影响的后评价,采取改进措施。

②生态环境主管部门应当对建设项目投入生产或者使用后所产生的环境影响进行

跟踪检查,对造成严重环境污染或者生态破坏的,应当查清原因、查明责任。对属于为建设项目环境影响评价提供技术服务的机构编制不实的环境影响评价文件的,应依法追究其法律责任;属于审批部门工作人员失职、渎职,对依法不应批准的建设项目环境影响评价文件予以批准的,也要依法追究其法律责任。

【延伸阅读】

某矿业公司污染事故中存在的环境问题

2010年7月3日,某矿业集团有限公司铜矿湿法厂发生铜酸水渗漏事故,9 100 m³的污水顺着排洪涵洞流入汀江,导致汀江部分河段污染,捞起的死鱼就达250 t。

多年来该企业一直在污染的旋涡中不断壮大。随着矿业的兴盛,该矿业所在县成为显赫一方的富裕之地,地方官员也与该企业存在千丝万缕的利益联系,使得矿业公司在面对一系列环境问题时,依然能够我行我素。这次污染事故不仅给渔民造成了重大损失,而且对于当地的母亲河汀江来说已经酿成了一场生态危机。

事实上,早在20世纪50年代,在面对经济发展中的资源耗竭与生态破坏问题,一些国家和地区已经开始尝试用经济手段来解决。自1992年联合国《里约热内卢环境与发展宣言》以来,很多国家开始了生态补偿的实践,成功的案例已经有美国和巴西等国家,现在国际上也开始尝试流域生态补偿。

我国最早的生态补偿实践开始于1983年。但是,至今仍然没有形成统一与规范的生态补偿管理体系与收费标准,生态损害计算也未建立在科学预算基础上,对环境侵权责任、生态损害责任和生态补偿内涵认识不清,没能有效避免自然状况的进一步恶化。因此,在明确生态损害责任是生态补偿的前提条件下,有必要在侵权法中完善生态损害责任的相关立法。同时,要加强环保监管,负有保障辖区环境质量责任的地方政府,要有效控制企业可能带来的污染风险。此外,高污染、高风险行业要增强企业的社会责任与风险防范意识,完善治污设施建设,提高管理水平,在事故发生后及时采取有效的应对措施。

【案例分析】

环境保护设施经验收合格后方能投入生产或者使用

2013年5月22日,中山市环境保护局(以下简称"环保局")到中山市古镇健民玻璃厂(以下简称"健民厂")进行现场检查,查实健民厂在玻璃吹制项目的环境影响评价文件未获得审批且该项目所需配套的环保设施未经验收合格情况下,将该项目的主体工程擅自投入生产经营。市环境保护局认为健民厂违反了我国《环境影响评价法》第二十五条和《建设项目环境保护管理条例》第二十三条,于2013年6月9日向健民厂送达了中(古)环罚告字(2013)001号行政处罚告知书,并告知拟对健民厂予以行政处罚及健民厂可以在三日内申请听证及在七日内提出陈述申辩的权利,健民厂逾期未提出陈述听证。2013年6月17日,环保局遂根据《建设项目环境保护管理条例》第二十八条作出行政处罚决定书,决定对健民厂处以:①责令停止玻璃吹制加工项目主体工程(熔炉、吹制、退火、磨边、切口、钻孔、酸洗等工序)的生产使用;②对健民厂处以罚款七万元的行政处罚。[1]

简短回顾

工程在建设过程中势必影响周围环境,只有从根本上重视环境问题,才能确保建设工程的长远发展。我国的建设工程环境保护法规不仅有专门立法,而且还散见于大量与建设工程有关的规范性文件中。建设工程应当遵循协调发展、预防为主、环境责任、公众参与等环境保护法的基本原则。国家对环境标准的制定与实施都有严格规定,并给予一定程度的国家干预。作为环境质量评价的一种,建设工程环境影响评价是对规划和建设项目实施后可能造成的环境影响进行分析、预测和评估,提出预防或者减轻不良环境影响的对策和措施,以及进行跟踪监测的方法与制度,其目的在于鼓励在规划和决策中考虑环境因素,最终达到人类活动与环境的相容性。

复习思考

11.1 环境保护法的基本原则有哪些?

11.2 环境标准是如何分类的?

11.3 为什么要建立建设工程环境影响评价制度?

11.4 建设工程环境影响报告书应有哪些基本内容?

---

[1] 参见广东省中山市中级人民法院(2014)中中法行终字第 147 号行政判决书。

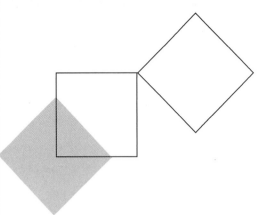

12 建设工程争议处理机制

本章导读：

　　甲公司与乙公司签订了一份建设工程施工合同,合同约定由乙公司承建甲公司的宿舍楼。在工程竣工验收时,甲公司发现承重墙裂缝较多,要求乙公司整改。但是,乙公司认为这些裂缝不影响正常使用,且甲公司未按合同约定按时支付工程款,乙公司无力承担修复费用,因此拒绝修复。3个月后,墙体开裂更加严重,甲公司认为工程质量不合格,要求乙公司拆除重建并拒绝支付剩余款项。乙公司认为质量问题系甲公司提供的墙砖质量不合格所致,并非施工责任。双方协商不成,甲方遂起诉到法院。乙公司则以合同中约定有仲裁条款为由主张进行仲裁。本案应通过仲裁还是诉讼程序解决? 甲乙双方应当如何行使权利才能维护己方的合法权益? 通过本章的学习,相信您能够找到答案。

12.1　建设工程争议处理机制概述

12.1.1　建设工程争议的含义

　　建设工程争议处理机制,是指解决建设工程争议的一整套方法及其相互之间的关联。所谓建设工程争议,是指在工程建设过程中,有关当事人之间以及有关当事人与有关行政机关之间,因与工程有关的法律关系所产生的纷争。就有关当事人之间的争议而言,一般表现为是否依据合同履约以及由此产生的责任归属等分歧,这是属于平等主体之间的法律关系。就有关当事人与有关行政机关的争议而言,主要表现为当事人对行政机关的处罚不服所产生的分歧,这是属于不平等主体之间的法律关系。

发生建设工程争议后,当事人应及时进行处理,以减少损失,保障当事人的合法权益,维护社会经济秩序。对处于平等地位的有关当事人之间的争议,主要通过协商、调解、仲裁和诉讼途径解决。对处于不平等地位的有关当事人与有关行政管理机关的争议,主要通过行政复议和行政诉讼解决。

12.1.2　建设工程争议中的证据制度

证据是按照法定程序和要求加以收集、审查和运用的能够证明案件真实情况的一切客观事实。作为证据的事实,应当是与当事人主张的案件事实有客观关联的,也应当是能够产生特定法律后果的法律事件,应当具备客观性、关联性和合法性。证据主要有以下几种:

①当事人陈述。当事人陈述是指当事人对案件事实所做的叙述和承认。

②书证。书证是以文字、符号、图表、图案等形式所表达的思想内容来证明案件事实的书面文件资料,具体表现为合同、书信、电报、电传、设计图案、表格等。

③物证。物证是以自己本身存在的形状、外观、质量、特征、性能等来证明案件事实的物品或痕迹。

④视听资料。视听资料是通过录音、录像以及电子计算机储存的资料来证明案件事实的证据。

⑤电子数据。电子数据是指基于计算机应用、通信和现代管理技术等电子化技术手段形成的包括文字、图形符号、数字、字母等的客观资料。

⑥证人证言。证人证言是指证人以口头或书面形式就他所了解的案件情况所作的陈述。凡是知道案件情况且能够正确表达意志的单位和个人,都可以作为证人。

⑦鉴定意见。鉴定意见是鉴定人运用自己的专门知识和技能,对案件中专门性问题进行鉴定后作出科学的书面结论性意见。

⑧勘验笔录。勘验笔录是指人民法院或有关机关对与案件有关的现场物品进行勘测、检验、观察和分析并如实记录,形成的书面笔录。

证据必须查证属实,才能作为认定事实的根据。在工程争议处理过程中,当事人对自己提出的主张,负有用证据加以证明的责任,即所谓举证责任。

12.2　建设工程民事争议的处理

建设工程民事争议主要是建设工程合同领域内的争议,主要包括质量争议、付款争议、工期争议、安全损害赔偿争议等。

12.2.1　和解与调解

（1）和解

和解是指建设工程民事争议当事人在自愿友好基础上,互相沟通、互相谅解,从而解决争议的方式。和解具有成本低、及时、便利的特点,其实质是双方各自作出让步与

> 和解是解决建设工程民事纠纷最经济的方法。

妥协。和解协议不具有强制执行的效力,其执行依靠当事人的自觉履行。

（2）调解

调解是指建设工程民事争议当事人在第三方主持下,通过对双方当事人进行斡旋与劝解,促使双方自愿达成协议,从而解决争议的方式。调解与和解的区别在于,调解有中立的第三方参与,而和解则没有第三方参与。调解可以划分为民间调解、行政调解、仲裁调解、诉讼调解等形式。

> 和解与调解的主要区别在于是否有第三方参与。

在实践中,调解人员一般由当事人自己选定。当然,也有由人民法院、仲裁机构或专门调解机构指定并经双方当事人认可的。当事人若接受调解条件,则由调解人员整理调解记录,制作调解书。如有任何一方或双方不接受调解条件,或者在调解书签署之前一方或双方反悔的,则调解失败,此时双方可选择其他方式来解决争议。

12.2.2 仲裁

> 没有仲裁协议,不能通过仲裁途径解决争议。

仲裁是指建设工程民事争议当事人根据争议发生前或者争议发生后达成协议,自愿将争议提交仲裁机构进行审理,并由仲裁机构作出具有法律拘束力的裁决,从而解决争议的方式。仲裁的前提条件是,当事人之间签署有仲裁协议。没有仲裁协议的,不能启动仲裁程序。

争议仲裁机构是仲裁委员会。仲裁委员会受理案件后,按照程序组成仲裁庭对案件进行审理与裁决。因此,仲裁庭是行使仲裁权的主体。一般来讲,仲裁的程序主要包括申请与受理、审理与裁决两个阶段。

1）案件的申请与受理

> 当事人约定将争议提交仲裁的,人民法院对争议就没有管辖权。

当事人申请仲裁应当符合下列条件:存在有效的仲裁协议;有具体的仲裁请求和事实、理由;属于仲裁委员会的受理范围。对符合法定条件与要求的仲裁申请,仲裁委员会应当立案。对不符合法定条件与要求的仲裁申请,应当在收到仲裁申请书之日起5日内,书面通知当事人不予受理,并说明理由。

2）仲裁的审理和裁决

> 仲裁实行一裁终局制。

除非当事人协议不开庭的外,仲裁应当开庭进行。当事人应当对自己的主张提供证据,并在仲裁过程中有权进行辩论,辩论终结时仲裁庭应当征询争议当事人的最后意见。裁决应当按照多数仲裁员的意见作出,不能形成多数意见时按照首席仲裁员的意见作出裁决。裁决书自作出之日起发生法律效力。仲裁实行一裁终局制度,裁决作出后当事人就同一争议再次申请仲裁或者向人民法院提起诉讼的,仲裁委员会或者人民法院不予受理。

需要说明的是,提起仲裁申请后,争议当事人仍然可以自行和解。达成和解协议的,可以请求仲裁庭根据和解协议作出裁决书,也可以撤回仲裁申请。除当事人自行和解外,仲裁庭在作出裁决前可以先行调解。调解达成协议的,仲裁庭应当制作调解书或者根据协议的结果制作裁决书。调解书与裁决书具有同等法律效力。调解书经当事人签收后,即发生法律效力。签收前反悔的,仲裁庭应当及时作出裁决。

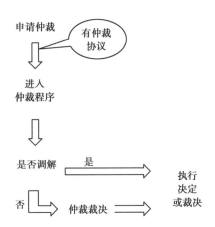

12.2.3   诉讼

诉讼是指建设工程民事争议当事人依法请求人民法院行使审判权,就双方之间发生的争议,作出具有国家强制力保证实现其合法权益的审判,从而解决争议的方式。

起诉是引起民事诉讼程序启动的必要前提。没有当事人的起诉,法院不能依职权启动民事诉讼程序,其他人也不能要求法院启动民事诉讼程序。

当事人向法院提起诉讼应递交书面起诉状,法院进行审查后对符合法定条件的起诉决定立案审理。随后,法院应向原被告双方当事人送达诉讼文书,组成合议庭并告知当事人合议庭的组成人员,调查搜集证据,组织证据交换。确定开庭日期后,应当在开庭 3 日前以传票的方式通知当事人。接下来进入开庭审理阶段。首先是法庭调查阶段,由原告对案件事实进行陈述、举证,被告针对原告的陈述提出自己的意见,之后法庭组织双方当事人质证,对案件事实进行认证。在法庭辩论阶段,当事人就争议的事实与法律问题阐述自己的意见,反驳对方的主张。辩论终结后,审判长宣布休庭,合议庭就案件事实的认定、责任的划分、适用的法律以及处理的结果进行评议。评议实行少数服从多数的原则。最后公开宣判,并在判决书中写明当事人的上诉权利、上诉期限和上诉法院。

当事人双方任何一方不服第一审判决,均有权在法定期限内提出上诉。一审法院收到当事人提交的上诉状及副本后 5 日内,将其送达被上诉人。被上诉人收到上诉状副本后,应该在 15 日内提出答辩。一审法院在收到上诉状和答辩状后,应当在 5 日内连同全部案卷和证据,报送二审法院。第二审人民法院组成合议庭审阅全部的上诉材料,了解案情,掌握一审人民法院作出裁判的事实和法律依据,弄清当事人上诉的请求、事实和理由,寻找双方当事人争执的焦点。然后,合议庭应当根据案件的具体情况,进行必要的调查,为开庭审判或径行判决作准备。对原裁判认定事实清楚、证据充分、适用法律正确的,裁定驳回上诉,维持原判决。对原裁判认定事实不清或证据不足,适用法律错误的,裁定撤销原判决,发回原审法院重审,或由二审法院开庭审理或作出改判。第二审法院作出的裁判为终审裁判,具有终局效力。

判决生效后,一方当事人不履行或拒绝履行法律文书确定的义务,权利人可以向法

这是"不告不理"原则的具体表现。

院申请强制执行。

12.3 建设工程行政争议的处理

建设工程行政争议处理方式主要有行政复议和行政诉讼。发生行政争议后,当事人有权选择以复议方式或者诉讼方式解决争议。但是,属于复议前置情形的争议,只能先行复议,对复议决定不服时才可以提起诉讼。

12.3.1 行政复议

行政复议是指当事人认为行政机关的具体行政行为侵犯其合法权益,依法向法定的行政复议机关提出复议申请,要求行政复议机关对该具体行政行为进行合法性和适当性审查,并作出行政复议决定以解决争议的解决方式。行政复议申请人只能是行政争议的当事人,且必须与具体行政行为有直接利害关系。被申请人是作出具体行政行为的行政机关。行政复议主要包括申请与受理、审理与决定两个阶段。

1）行政复议的申请与受理

行政复议实行"不告不理"的原则,复议机关不会主动复议。申请复议须有法定资格的申请人,有明确的被申请人以及具体的请求和事实依据。此外,申请复议要在法定期限内提出,我国法律规定除特殊情况外,可以自知道或者应当知道具体行政行为之日起 60 内提出行政复议申请。行政复议机关收到行政复议申请后,应当在 5 日内进行审查。对不符合法律规定的申请,应决定不予受理并告知申请人;符合法律规定的申请,自收到申请之日即为受理。

2）行政复议的审理与决定

行政机关在审理复议案件时,主要依据书面材料进行,并不进行公开庭审。在行政复议案件中,被申请人对其作出的具体行政行为负有举证责任。

行政复议机关对复议案件审理后,认为具体行政行为认定事实清楚、证据确凿、适用依据正确、程序合法、内容适当的,作出维持原具体行政行为的决定;认为被申请人不履行法律、法规和规章规定的职责的,作出责令被申请人履行职责的决定;认为具体行政行为主要事实不清、证据不足,或者适用依据错误,或者违反法定程序,或者滥用职权,或者具体行政行为明显不当的,作出撤销、变更原具体行政行为,并可责令被申请人重新作出具体行政行为的决定。

申请人若不服复议决定,可在收到复议决定书之日起 15 日内向人民法院提起诉讼。

12.3.2 行政诉讼

行政诉讼是指通过诉讼程序解决有关当事人与有关行政机关之间争议的方式。在行政诉讼中,只能由有关当事人提起诉讼,行政机关一方没有起诉权与反诉权。在民事诉讼中实行"谁主张,谁举证"的举证规则,而在行政诉讼中则实行"举证责任倒置"的举证规则,即由被诉的行政机关承担主要的举证责任。行政诉讼的审理程序与民事诉讼大致相同,且当事人均有权提出上诉。

12.4　建设工程刑事案件的处理

除了民事争议和行政争议外,在建设工程中涉及犯罪的,还要追究有关当事人的刑事责任。

12.4.1　建设工程刑事犯罪涉及的罪名

在建设工程中涉及犯罪的,承担刑事责任的主体一般是直接责任人员,如法定代表人、经办人员。但是,在一定情况下,单位也可以成为犯罪的主体。在建设工程领域中主要涉及以下罪名:

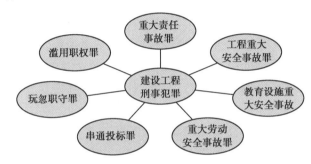

①重大责任事故罪,是指在生产、作业中违反有关安全管理规定,因而发生重大伤亡事故或者造成其他严重后果的行为。

②工程重大安全事故罪,是指建设单位、设计单位、施工单位、工程监理单位违反国家规定,降低工程质量标准,造成重大安全事故的行为。

③教育设施重大安全事故罪,是指明知校舍或者其他教育设施有危险,而不采取措施或者不及时报告,造成重大伤亡事故的行为。教育设施,主要指学校的教室、宿舍、食堂、围墙、体育设施等。

④重大劳动安全事故罪,是指安全生产设施或者安全生产条件不符合国家规定,因而发生重大伤亡事故或者造成其他严重后果的行为。

⑤串通投标罪,指投标者相互串通投标报价,损害招标人或者其他投标人利益,或者投标者与招标者串通投标,损害国家、集体、公民的合法权益,情节严重的行为。

⑥玩忽职守罪,是指国家机关工作人员玩忽职守,致使公共财产、国家和人民利益遭受重大损失的行为。

⑦滥用职权罪,是指国家机关工作人员违反法律规定的权限和程序,滥用职权,致使公共财产、国家和人民利益遭受重大损失的行为。

> 反诉是指在已经提起的诉讼中,被告针对与原诉有联系的行为,提起独立诉讼请求的行为。反诉中,本诉的被告成为原告,而本诉的原告成为被告。

12.4.2　建设工程刑事案件的处理程序

建设工程刑事案件要经历立案、侦查、审查起诉、审判和执行这几个阶段。例如,我国《刑法》第一百三十七条规定:"建设单位、设计单位、施工单位、工程监理单位违反国家规定,降低工程质量标准,造成重大安全事故的,对直接责任人员,处五年以下有期徒刑或者拘役,并处罚金;后果特别严重的,处五年以上十年以下有期徒刑,并处罚金。"追究建设工程刑事犯该罪应当完成如下程序:

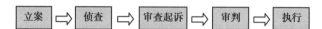

①立案。首先由公安机关根据客观材料判断是否有违反国家规定降低工程质量标准的犯罪事实。若有,则予以立案。

②侦查。立案后开始进行侦查,包括收集、查明工程单位是否存在降低质量标准违法建设的具体事实。若有,则在侦查结束后将案件材料移送给人民检察院。

③审查起诉。人民检察院审查公安机关移送的案件材料,重点审查犯罪事实与犯罪情节是否清楚,证据是否确实、充分,是否应当追究刑事责任,侦查活动是否合法。经过审查后,如果符合起诉条件的,则由人民检察院向人民法院提起公诉。

④审判。人民法院进行开庭审理,判决责任单位和直接责任人员是否承担刑事责任。

⑤执行。由执行机关执行生效判决确定的内容。

【延伸阅读】

FIDIC 合同的争议解决方式

FIDIC 合同自 1957 年颁布以来,分别于 1969 年、1977 年、1987 年、1999 年进行了四次修改,其规定的争议解决方式也在不断地完善。

前 3 版关于争议解决的基本路径为:争议提出→工程师决定→仲裁。即工程发生争议后,提交工程师,工程师必须在 90 日内作出决定,对工程师决定不满或者工程师在规定时限内未作出决定的,争议任何一方都可直接提交仲裁机构进行仲裁。之所以赋予工程师决定权,是因为工程师作为现场管理者,对工程的进展、质量等情况较熟悉。但在现实中由于工程师并非完全处于中立地位,很难做到绝对公平,其决定的公正性受到越来越多的质疑。

1988 年,FIDIC 增加了友好解决程序,即:争议提出→工程师决定→友好解决→仲裁。1996 年 FIDIC 合同又进行了修订,引入了争议审核委员会(Dispute Review Board,DRB)这种独特的纠纷解决方式,提出用 DRB 方式来替代工程师解决争议的作用。DRB 解决争议的程序变为:争议提出→工程师决定→DRB→友好解决→仲裁。

DRB 方式的运行程序为:争议发生后,双方当事人提请工程师,由工程师在规定时间内作出决定。如果当事人对工程师的决定不满意,或者工程师未能在规定时间内作出决定,则不满一方可将自己的意向通知对方并将争议提交已成立的 DRB。DRB 收到通知后在下次访问现场时召开听证会,并现场调研。DRB 应在 56 日内或双方认可的期限内作出决定。如果当事人在收到该决定后 14 日内没有提出异议,则 DRB 的建议具有约束力。反之,可提交仲裁。在提交仲裁之前,双方仍可进行友好协商。若仲裁意向发出 56 日后,友好协商没有达成一致,则按国际商会仲裁规则进行仲裁。

1999 年制订了新版 FIDIC 条件,在争议解决方式上也发生了新变化,即将争议审核委员会 DRB 改为争端裁决委员会(Dispute Adjudication Board,DAB)。解决争议的程序变为:争议提出→工程师决定→DAB→友好解决→仲裁。与 DRB 相比,DAB 具有更强的裁决效力。DAB 一经作出裁决,即对争议双方具有法律约束力,除非双方在 28 日内对此提出异议。另外,DAB 处理问题的时限更长,有利于 DAB 成员更清楚地认识案情,从而提高裁决的科学性与合理性。

【案例分析1】

约定仲裁优先与诉讼方式解决争议

2011 年 11 月,渝兴公司与三峡公司签订了一份 BT 融资建设项目合同,约定渝兴公司通过 BT 方式将某污水厂及配套管网工程交给三峡公司建设。合同约定一旦发生争议,提交某仲裁委员会仲裁。2012 年 12 月 15 日,约定项目通过工程竣工验收并移交给渝兴公司使用。但是,渝兴公司除向三峡公司支付了 21 396 464.35 元外,剩余工程款未付,三峡公司依照合同约定提请某仲裁委员会进行仲裁。仲裁委员会委托的鉴定机构鉴定确认案涉工程总造价为 31 936 473.57 元。

仲裁委员会审理后认为,渝兴公司已经构成违约。我国《民法通则》第 112 条规定:"当事人一方违反合同的赔偿责任,应当相当于另一方因此所受到的损失。当事人可以在合同中约定,一方违反合同时,向另一方支付一定数额的违约金;也可以在合同中约定对于违反合同而产生的损失赔偿额的计算方法。"《合同法》第一百零七条也规定:"当事人一方不履行合同义务或者履行合同义务不符合约定的,应当承担继续履行、采取补救措施或者赔偿损失等违约责任。"(《民法典》第五百七十七条有相同规定)因此,裁决渝兴公司向三峡公司支付尚欠工程款 10 540 009.22 元、投资回报 1 596 823.68 元以及融资利息、逾期付款违约金、律师费等损失。①

【案例分析2】

对行政处罚有权申请复议和提起诉讼

2014 年 10 月 13 日,某环保局对某混凝土公司的混凝土搅拌站项目进行调查后认定,与该项目配套的污染防治设施未建成、未验收,主体工程即投入生产,生产过程中有粉尘扬尘、噪声产生。2014 年 11 月 3 日,环保局向混凝土公司送达了《行政处罚听证告知书》,依法告知了拟作出行政处罚的事实、理由和依据,以及原告享有的陈述、申辩权和要求听证的权利。但是,原告未在规定的时间内进行陈述申辩和提出听证申请。

2014 年 12 月 16 日,环保局以混凝土搅拌项目需要配套建设的除尘、噪声处理等环境保护设施未建成、未验收并投产,该行为违反了《建设项目环境保护管理条例》第十六

---

① 参见重庆仲裁委员会(2014)1066 号裁决书。

条、第二十条、第二十三条为由,并根据该条例第二十八条,决定对原告作出责令停止生产、罚款 10 万元处罚的《行政处罚决定书》。混凝土公司不服,向市政府申请行政复议。2015 年 2 月 10 日,市政府作出维持环保局行政处罚的《行政复议决定书》。混凝土公司仍然不服,向人民法院提起行政诉讼,请求撤销行政处罚和行政复议决定。法院审理后认为,行政处罚和行政复议决定认定事实清楚,适用法律正确,程序合法,遂驳回了混凝土公司的诉讼请求。①

【案例分析3】

重大责任事故罪的法律适用

2013 年 9 月,被告人蒲某某与他人合伙,挂靠某建筑公司承建了某污水管网工程,蒲某某担任工程现场负责人。在组织工程开挖沟槽过程中,蒲某某未按照国家相关规定采取放大沟槽两边的坡度、采取防垮塌支撑等安全防范措施,未按规定堆放挖土。2014 年 3 月 19 日下午,被害人黄某某、敬某某、杨某某在工地开挖的沟槽内铺设排污管道时,沟槽一侧发生坍塌,将三人埋在土内,导致黄某某因窒息死亡,敬某某、杨某某受伤。

法院审理后认为,我国《刑法》第一百三十四条规定:"在生产、作业中违反有关安全管理的规定,因而发生重大伤亡事故或者造成其他严重后果的,处三年以下有期徒刑或者拘役;情节特别恶劣的,处三年以上七年以下有期徒刑。"第六十七条第三款规定:犯罪嫌疑人"如实供述自己罪行的,可以从轻处罚。"第七十二条规定:"对于被判处拘役、三年以下有期徒刑的犯罪分子,同时符合下列条件的,可以宣告缓刑,对其中不满十八周岁的人、怀孕的妇女和已满七十五周岁的人,应当宣告缓刑:(一)犯罪情节较轻;(二)有悔罪表现;(三)没有再犯罪的危险;(四)宣告缓刑对所居住社区没有重大不良影响。"由于蒲某某在组织工人作业时,安全生产条件不符合国家规定,因而发生重大事故,造成一人死亡,其行为已构成重大责任事故罪,应追究其刑事责任。鉴于蒲某某归案后能如实供述自己的罪行,可以依法从轻处罚。事故发生后,与受害方达成赔偿协议并履行完结,求得了受害人及其家属的谅解,可酌情从轻处罚。故判决如下:被告人蒲某某犯重大安全事故罪,判处有期徒刑一年,缓刑二年。②

简短回顾

建设工程争议处理机制,是解决有关当事人之间以及有关当事人与有关行政机关之间,因与工程有关的法律关系所产生纷争的一整套方法及其相互之间的关联。处理建设工程争议包括非诉讼和诉讼两种方式。建设工程民事争议最理想的解决方式是和解,建设工程行政争议可以通过行政复议或行政诉讼来解决。如果建设工程当事人的行为触犯了刑法规定,还应当依法承担刑事责任。

---

① 参见潍坊市中级人民法院(2015)潍行终字第 213 号行政判决书。
② 参见四川省西充县人民法院(2014)西充刑初字第 135 号刑事判决书。

复习思考

12.1　什么是建设工程争议?

12.2　处理建设工程争议有哪些证据种类?

12.3　处理建设工程民事争议的基本方式有哪些?

12.4　民事争议与行政争议的根本区别是什么?

12.5　对建设工程民事争议进行仲裁需要什么条件?

12.6　在建设工程领域主要涉及哪些罪名?